应用文写作

职业教育教学用书

主编 陈亮

华东师范大学出版社
上海

图书在版编目(CIP)数据

应用文写作/陈亮主编. —上海:华东师范大学出版社,
2014.11
ISBN 978-7-5675-2795-9

Ⅰ.①应…　Ⅱ.①陈…　Ⅲ.①汉语-应用文-写作
Ⅳ.①H152.3

中国版本图书馆 CIP 数据核字(2014)第 277859 号

应用文写作

职业教育教学用书

主　　编　陈　亮
责任编辑　蒋　雯
审读编辑　何　晶
封面设计　冯　笑
版式设计　徐颖超

出版发行　华东师范大学出版社
社　　址　上海市中山北路 3663 号　邮编 200062
网　　址　www.ecnupress.com.cn
电　　话　021-60821666　行政传真 021-62572105
客服电话　021-62865537　门市(邮购)电话 021-62869887
地　　址　上海市中山北路 3663 号华东师范大学校内先锋路口
网　　店　http://hdsdcbs.tmall.com

印 刷 者　上海市崇明县裕安印刷厂
开　　本　787 毫米×1092 毫米　1/16
印　　张　10
字　　数　207 千字
版　　次　2015 年 10 月第 1 版
印　　次　2024 年 1 月第 7 次
书　　号　ISBN 978-7-5675-2795-9
定　　价　25.00 元

出 版 人　王　焰

(如发现本版图书有印订质量问题,请寄回本社客服中心调换或电话 021-62865537 联系)

出版说明

CHUBANSHUOMING

本书是职业教育文秘专业教学用书,按36学时设计。

全书共分为四大模块,分别为行政公文写作、事务应用文写作、社交礼仪应用文写作和职场应用文写作。每个模块下设计了多个任务,选取工作、生活中最常用的文种,力求体现实用性。

每个任务设置了以下具体栏目:

教学目标　从知识、能力、情感三方面设置本任务的目标,使学生在学习之前先了解需要达到的要求。

任务情境　给出具体的情境,让学生了解该任务的背景。

任务分析　针对任务情境进行分析,介绍完成该任务所必需的应用文写作知识。

练一练　让学生根据任务情境,尝试写一则应用文。

相关知识　介绍与本任务有关的应用文写作知识。

技能拓展　给出其他情境,让学生进行应用文写作练习。

相关链接　介绍相关应用文种的知识,或提供范文供学生参考。

华东师范大学出版社

2015 年 9 月

前　言

QIANYAN

应用文写作对于职业学校文秘专业的学生而言是一种非常重要且实用的技能，因此学会并且写好应用文将是他们适应岗位需求的一种基本能力。本书是专为职业学校文秘专业学生学习应用文写作而编写的。

本书最大的一个特点是**体例新**。本书根据应用文写作课的教学特点和相关课程的教学需要，结合任务引领型教学方法，在编写中淡化了传统的重理论轻实践的教学模式，采用"任务引领"的编排体例，对于每个文种的教学，都是由"任务情境与分析"、"相关知识"、"技能拓展"、"知识链接"四个板块来实现的。即先安排任务，通过对任务的分析，让学生尝试完成任务；再从"相关知识"中了解该文种应用文的一些基本常识；接着通过"技能拓展"进行巩固和强化，让学生能够写出符合要求的应用文；最后通过"知识链接"拓宽学生的知识面。

本书的另外一个特点是**针对证书考试，面向就业**。对于中等职业学校的学生而言，技能证书是学生将来就业的"敲门砖"。因此，本书各章节所涉及的文种，大多为考证必考文种，也是将来在实际工作中使用频率较高的文种。通过对这些文种的学习和训练，能够提高学生考证通过率，并可助其在将来的工作中尽快上手。

本书由陈亮担任主编并统稿，由吴迎红、肖剑虹、程瑾、邹丽丝共同参与编写，他们都是职业学校的一线资深教师，有着丰富的实际教学经验，对学生的认知水平和学习习惯有着比较深入的了解。

在编写的过程中，编者参考了一些书刊和论著，并吸取了其中最新的研究成果，在此深表感谢。由于编写时间仓促，编者水平有限，书中疏漏在所难免，敬请专家、读者不吝指教。

编　者

2015 年 9 月

目 录

MULU

模块一　行政公文写作 ……1
　任务一　通告 ……2
　任务二　通知 ……6
　任务三　通报 ……10
　任务四　报告、请示、批复 ……15
　任务五　函 ……21
　任务六　会议纪要 ……27
　任务七　决定、意见 ……32

模块二　事务应用文写作 ……37
　任务一　倡议书、申请书 ……38
　任务二　感谢信、慰问信、贺信 ……42
　任务三　条据 ……46
　任务四　启事、海报 ……50
　任务五　计划、总结 ……54
　任务六　简报 ……61
　任务七　会议记录 ……67
　任务八　意向书、协议书 ……72

模块三　社交礼仪应用文写作 ……81
　任务一　欢迎词、欢送词 ……82
　任务二　开幕词、闭幕词 ……86
　任务三　请柬、邀请信 ……91

模块四　职场应用文写作 ……97
　任务一　证明信、推荐信 ……98
　任务二　自荐信、辞职信 ……104
　任务三　演讲稿 ……108

参考答案 ……112

模块一　行政公文写作

内容介绍

行政公文,又称为公务文书,是人类在治理社会、管理国家的公务实践中使用的具有法定权威和规范格式的应用文。它是特殊规范化的文体,具有其他文体所没有的权威性,有法定的制作权限和确定的读者,有特定的行文格式,并有行文规则和处理办法。

2012年4月,中共中央办公厅、国务院办公厅联合印发了《党政机关公文处理工作条例》(中办发【2012】14号),决定从2012年7月1日起施行新修订的《党政机关公文处理工作条例》。

任务一　通告

 教学目标

1. 知识目标
① 了解通告的概念及类型；
② 掌握通告的行文关系及具体的写作要求与方法。
2. 能力目标
能够熟练拟写通告，提高公文写作能力。
3. 情感目标
通过学习撰写通告，培养严谨、规范的写作习惯。

任务情境

上海市第××届运动会开幕式将于2014年×月×日晚20时在上海市体育中心举行。从当天下午18时至晚上24时，需对相关道路视情况采取临时交通管制措施。交通管制的具体措施有以下几点。一是机动车与非机动车的管制。其中，机动车管制范围为：浦西地区从东大名路/溧阳路路口起，沿溧阳路—长治路—天潼路—曲阜路—西藏路—北京路—成都路—重庆路—淮海路—人民路—东门路至黄浦江边组成的范围(不含上述道路)，禁止机动车通行；浦东地区从百步街/滨江大道路口起，沿百步街—陆家嘴环(北)路—陆家嘴环(南)路—拾步街至黄浦江边组成的范围(不含上述道路)，禁止机动车通行。非机动车管制范围为：从南苏州路/河南路路口起，沿河南路—人民路—新开河路至黄浦江边组成的范围(含上述道路)，禁止非机动车通行。二是高架道路、隧道交通管制措施：延安高架西藏路下匝道封闭，延安高架(南北高架以东)禁止一切车辆通行(除进入延安东路隧道和外滩隧道的车辆以外)，其他高架道路正常通行；复兴东路隧道、大连路隧道、人民路隧道、新建路隧道、外滩隧道等隧道正常通行，延安东路隧道只允许延安高架福建路上、下匝道进出浦东的车辆通行；卢浦大桥、南浦大桥、杨浦大桥正常通行。三是地铁、轮渡、观光隧道管制措施：关闭轨道交通二号线、十号线南京东路站；黄浦江东金线轮渡实施自东向西单向停航；黄浦江人行观光隧道关闭。四是人行天桥、地下人行通道管制措施：交通管制区域内的人行天桥、地下人行通道关闭，同时禁止行人通行。

同时，执行任务的警备车、消防车、救护车、工程抢险车、邮政车、押运车以及持有赛会汽车通行证的车辆准许进入交通管制范围。届时，上海市公安交通管理部门将根据实际情况提前或推迟交通管制时间，扩大或缩小交通管制范围。

请根据以上材料拟写一则通告。

任务分析

通告的结构一般由标题、发文字号、正文、落款四个部分组成。

1. 标题

通告的标题有四种构成形式：

一是由发文机关、事由、文种名称三者构成，也称为完全式标题。如：《河南省交通厅关于继续做好公路养路费等交通规费征收工作的通告》；

二是省略发文机关的写法，由事由和文种名称构成。如：《关于开展市区户外广告（含店招店牌）专项整治的通告》；

三是省略事由的写法，由发文机关和文种名称构成。如：《中华人民共和国教育部通告》；

四是只用文种名称"通告"两个字作标题，即《通告》。

2. 发文字号

通告的发文字号不像一般公文那样只用常规方式，而是在实践中有多种情况并存。

① 如果是政府发布通告，要有正规的发文字号，如：《××市人民政府关于坚决清理非法占道经营的通告》，发文字号就是"市政告字〔1997〕6号"。

② 如果是某一行业管理部门发布通告，则可采用"第×号"的方式，标示在标题之下正中的位置。

③ 一些基层企事业单位发布的通告，也可以没有字号。

3. 正文

正文通常由三大部分组成：

① 通告缘由。作为开头部分，通告缘由主要用来表达发布通告的背景、依据、目的、意义。如：

为加强无线电管理，整顿和维护空中电波秩序，根据《中华人民共和国无线电管理条例》、《中华人民共和国刑法》、《无线电管理处罚规定》和国家有关法律、法规规定，决定对我省境内设置、使用无线电台（站）和研制、生产、进口、销售无线电设备情况进行清理整顿，现将有关事宜通告如下：××××××××

常用"现将有关事项通告如下"等语句过渡到通告的具体事项。

② 通告事项。这是通告的主体部分，文字最多、内容最复杂。较多采用分条列项的写法，以做到条理分明、层次清晰。如果内容比较单一，也可采用贯通式写法。

③ 通告结语。这是通告的结尾部分，写法比较简单，多采用"本通告自发布之日起实施"或"特此通告"等惯用语结束全文。

4. 落款

一般包括发文机关名称、发文日期和公章三项内容。若标题中已有发文机关名称，此处可省略。落款位于正文末尾的右下方。

> **练一练**
>
> 请根据任务情境的要求,完成通告的拟写。
>
> _____
> _____
> _____
> _____
> _____
> _____
> _____
> _____
> _____
> _____

相关知识

一、通告的概念

通告在国家机关、社会团体、企事业单位中使用较为广泛,是在一定范围内公布应当遵守或者周知的事项时使用的公文。

二、通告的特点

1. 法规性

通告所告知的事项常作为各有关方面行为的准则或对某些具体活动的约束限制,具有行政约束力甚至法律效力,要求被告知者遵守执行。

2. 业务性

通告常用于水电、交通、金融、公安、税务、海关等主管业务部门工作的办理、要求或事务性事宜,内容带有专业性、事务性。

3. 广泛性

通告的告知范围广泛,适用范围也很广泛。不仅在机关单位内部公布,而且向社会公布。其内容可涉及社会生活各方面,因而各级机关、企事业单位、社会团体都可以使用。此外,通告的发布方式多样,可以通过报刊、广播、电视公布,也可以张贴和发文,使通告内容广为人知。

技能拓展

① 林扬公司的二期工程最近天天 24 小时加班施工,而公司员工上下班时往往要穿过工地,存在安全隐患,请你以公司的名义,拟写一则通告,告知员工上下班时要绕道而行。

② 请你以社区的名义,拟写一则要求社区居民文明养犬的通告。

相关链接

节目通告

娱乐圈所谓的"通告",是指艺人按照制作公司或者投资公司的意愿在某一特定时间段内参加各种节目、各类公共活动(如:签唱会、谈话节目、宣传会、代言活动、记者会等),以提高曝光率。

通告艺人,是指过气的歌手、偶像或是人气不足、没有特定公司签约或是无固定节目的非一线明星。他们不像其他艺人在某一固定摄影棚或是录音室内工作,而是每天奔波于各个综艺节目之间,谈谈圈内八卦、流行新闻或是自己和其他艺人的小秘密等,或者在某些娱乐节目中参加一些游戏以博大家一乐。

任务二 通知

教学目标

1. 知识目标
① 了解通知的概念及使用范围；
② 掌握通知的行文关系及具体的写作要求与方法。
2. 能力目标
能够熟练拟写通知，提高写作能力。
3. 情感目标
通过学习撰写通知，培养严谨、规范的写作习惯。

任务情境

××省教育厅决定于 2014 年 1 月 28 日至 31 日在××市召开一年一度的教育工作年会，于 1 月 8 日发出会议通知。会议的内容是研究 2013 年全省教育发展情况，部署 2014 年教育工作要点。请各市、县教育局局长及一名副局长参加并带上收集、整理好的相关书面材料。会期为 4 天，1 月 27 日上午 9 点报到，报到和开会的地点是××招待所。

请你以××省教育厅的名义拟写这则会议通知。

任务分析

通知的结构一般是由标题、上款、正文、落款四个部分组成。

1. 标题

通知的标题居于首行正中的位置。多采用"发文机关名称＋事由＋文种名称"的格式，如：《中共中央办公厅、国务院办公厅关于严禁用公费变相出国（境）旅游的通知》。

若用带文件头的公文专用纸，标题中可省略发文机关名称，由"事由＋文种名称"组成标题。

若是几个单位联合发的通知，要在"通知"前加"联合"二字。

若通知的事情很紧急、很重要，要在"通知"前加"紧急"或"重要"字样，以引起受文者的注意。

发布规章的通知，所发布的规章名称要出现在标题的事由部分，并使用书名号。如：《关于印发〈规范国有土地租赁若干意见〉的通知》。

批转和转发文件的通知,所转发的文件内容要出现在标题中,但不一定使用书名号。如:《国务院办公厅转发教育部等部门关于进一步加快高等学校后勤社会化改革意见的通知》。

2. 上款

受文单位一般在标题的下一行顶格写,后加冒号。如果受文单位有好几个,则在每个受文单位之间用顿号或逗号隔开。

通知的上款比较广泛。主送机关较多时,要注意主送机关排列顺序的规范性。如:人事部《关于解除国家公务员行政处分有关问题的通知》的主送机关就有"各省、自治区、直辖市人事(人事劳动)厅(局)、监察厅(局);国务院各部委、各直属机构人事(干部)部门、监察局(室)"。由于级别、名称不同,主送机关的名称和排列非常复杂,这个序列需要经过深思熟虑后确定。

3. 正文

在上款下面另起一行,前空两格写正文。正文一般分三部分写,即开头、主体、结尾。开头写发通知的原因、依据和目的;主体写通知事项,内容多的可采用条款式;结尾写要求、希望等,也可因文而异,不写结尾。

不同类型的通知写法不尽相同,如:

① 指示性通知要提出具体任务、措施和要求,使下级机关知道做什么、怎么做,多用条款的形式把内容和要求结合在一起逐条列出。

② 转发性通知要写明转发的对象和对受文机关的原则要求。批转性通知要写明对批转公文的态度,说明所批转公文的意义及对下级机关贯彻执行的具体要求。

③ 发布性通知的事项部分很简单,一般只写明所发布的行政法规或有关文件的内容,并写明"请遵照执行"即可。

④ 会议通知应写明召开会议的缘由和依据、会议的主题或议程、与会人员的条件及名额、会议的时间地点、应备的有关材料、报到的时间地点及有关联系事宜、其他事项等。

4. 落款

分两行写在正文右下方,上行写发文机关,下行写发文日期。

练一练

请根据任务情境的要求,以××省教育厅的名义拟写一则会议通知。

_____
_____
_____
_____
_____
_____

相关知识

一、通知的概念

通知是批转下级机关或转发上级机关和不相隶属机关的公文,传达要求下级机关办理和需要有关单位周知或者执行的事项,以及任免人员时使用的公文。

二、通知的特点

通知具有功能多样性、使用广泛性、指导性、时效性等特点。

三、通知的分类

按照通知的不同作用,可分为以下几类:

① 指示性通知,一般用来发布指示、布置工作。如:《国务院关于禁止犀牛角和虎骨贸易的通知》。

② 转发性通知,是指将下级机关报来的文件(主要是建议性报告或工作报告)加上批语,以通知的形式批转发给有关下级机关,或将上级机关、同级机关或不相隶属机关发来的文件(主要是指示、意见、通知等)转发给下级机关。如:《国务院批转国家体改办关于深化经济体制改革总体方案的通知》。

③ 发布性通知,多用于除用命令颁布的重要法律性文件外的法规和规章性文件。这类通知的正文通常十分简短。如:《国务院办公厅关于发布〈国家行政机关公文处理办法〉的通知》。

④ 任职通知,主要用于任免领导干部的职务。如:《关于×××等同志任职的通知》。

⑤ 会议通知,主要用于上级机关或有关部门通知会议的召开,以保证预定的会议能有准备地如期进行。如:《关于举行××研讨会的通知》。

技能拓展

① 根据下面提供的材料,拟写一份会议通知。

××省教育厅准备于 2014 年 5 月 16 日至 19 日,在××市××大学学术交流中心报告厅召开全省高校校(院)长办公室工作会议。5 月 15 日上午 9 点持本通知到学术交流中心接待室报到。参加会议人员有本省各高校校(院)长办公室主任(或副主任),每校1~2人。本次会议的目的是为了进一步加强高校校(院)长办公室工作,促进全省各高校校(院)长办公室工作的协作与交流。

联系电话:×××-××××××××,联系人:××大学校长办公室×××老师,传真:×××-××××××××,邮编:××××××。会议的注意事项有:请参加会议人员将到达时间、车次和返程时间、车次提前电告会务组,以便安排接待和代办购票;请填写所附"与会表",加盖单位公章,于5月10日前邮寄给会务组(设在××大学校长办公室),以便统计与会人数,安排住宿;请各校将拟提交的用于会议交流的材料自行打印80份,在报到时交给会务组;往返路费和住宿费自理,可回单位报销,会议伙食标准为每天××元。

② 请找出下面这则通知中的错误并改正。

×××县教育局会议通知

各中、小学:

根据上级要求,对全县中小学卫生状况进行一次全面大检查。我们拟召开中、小学负责人会议,现将有关事项通知如下:

一、会议时间:2014年10月5日在县教育局报到,会期三天。

二、参加会议人员:中、小学校长各一名。

××县教育局

2014年9月4日

相关链接

一般性会议通知

一般性会议通知,不属于行政公文,但在实际使用中应用广泛。一般性会议通知的标题通常写作"会议通知"或"通知"。正文一般写明召开会议的时间、地点、会议名称和会议要求/须知。正文应言简意赅,措辞得当。会议时间、地点要具体。以书信方式寄发的会议通知都要有称呼(会议出席者),以布告形式贴出的会议通知则通常不用称呼(会议出席者概括在会议名称或会议要求中)。

任务三 通报

 教学目标

1. 知识目标
① 了解通报的概念、特点及类型；
② 了解通报、通告、通知三种公文的联系与区别；
③ 掌握通报的行文关系及具体的写作要求与方法。
2. 能力目标
能够熟练拟写通报，提高写作能力。
3. 情感目标
通过学习撰写通报，培养严谨、规范的写作习惯。

任务情境

根据下面这则通讯，代××大学拟写一份通报。

> 本报讯（通讯员 张强 记者 李伟）在一名年轻女子险被歹徒强暴时，××大学保卫处的陈彬同志挺身而出，勇擒歹徒。这是记者10月15日从该校了解到的。10月14日晚7时，家住福星小区的23岁女青年赵某在回家途中，被一高个男子尾随，男子抢走财物后，将她劫持到附近一小区内僻静处，欲行不轨。赵某竭力呼喊救命。家住该小区的××大学保卫处的陈彬听到喊声后，立即飞快地冲下楼，跟歹徒扭打在一起。对方挣脱后向楼洞里逃窜，陈彬紧追不舍，在六楼将歹徒抓获并将其扭送公安机关。据了解，这名歹徒是刑满释放人员，曾多次实施抢劫、强奸等犯罪行为。陈彬见义勇为后并没有给受害人留下自己的姓名。受害人家属经多方打听才知道救命恩人是谁，事后给校方送去感谢信。××大学对陈彬的义举给予通报表扬和奖励。

任务分析

通报的结构一般由标题、发文字号、主送机关、正文、落款五个部分组成。
1. 标题
通报的标题通常有两种构成形式：

一种是由发文机关名称、事由和文种名称组成的,如:《国务院办公厅关于对少数地方和单位违反国家规定集资问题的通报》。

另外一种是由事由和文种名称构成的,如:《关于给不顾个人安危勇于救人的王××同志记功表彰的通报》。

此外,有少数通报的标题是在文种名称前冠以机关单位名称的,如:《中共××市纪律检查委员会通报》;也有的通报标题只有文种名称。

2. 发文字号

由发文机关代字、发文年度号和发文顺序号三部分组成。写在标题之下正中的位置。

3. 主送机关

除普发性通报外,其他通报应该标明主送机关。

4. 正文

正文的结构通常由开头、主体和结尾三部分组成。开头部分说明主要事实;主体部分对事实进行评析并说明通报决定;结尾部分提出希望和要求。

不同类型的通报,其内容和写法有所不同:

① 表扬性通报一般在开头部分概述事件情况,说明通报缘由。由于它是作出通报的依据,因此要求把表扬对象的先进事迹表述清楚。如果是对一贯表现好的单位或个人进行表彰,事实叙述不但要清楚明白,而且要详略得当、重点突出。主体部分通过对先进事迹的客观分析,在阐明所述事件的性质和意义的基础上,写明通报决定。结尾部分明确提出希望和要求,号召大家向先进学习。

② 批评性通报在机关工作中使用较多,对一些倾向性问题具有引导、纠正的作用。批评性通报又分两种情况:一种是对个人的通报批评,其写法和表扬性通报基本一样,要求先写出事实,然后在分析、评论的基础上叙写通报决定,最后提出希望和要求,让大家吸取教训,引以为戒;另一种是对国家机关或集体的批评通报,这种通报通过对恶性事故的性质、后果,特别是对酿成事故的原因进行分析、总结教训,从而达到指导工作的目的,所以写法和表扬性通报略有不同,其正文主要包括叙写事实、分析原因、提出要求和改进措施等内容。

③ 情况通报主要起着沟通情况的作用,旨在使下级单位和群众了解工作的情况,以便统一认识、统一步调,推动全局工作的开展。正文主要包括两项内容:一是通报有关情况,二是分析并提出结论。具体写法上有的是先列举情况再进行分析、得出结论;有的是先通过简要分析得出结论,再列举情况来说明结论的正确性和针对性。总之,写法多样,如何表述可因事制宜,无须强求千篇一律。

5. 落款

一般包括发文机关名称、发文日期和公章三项内容。若标题中已有发文机关名称,则此处可省略。落款位于正文末尾的右下方。

练一练

请根据任务情境的要求,完成通报的拟写。

_____
_____
_____
_____
_____
_____
_____
_____
_____
_____

相关知识

一、通报的概念

通报是表彰先进、批评错误、传达重要精神和告知重要情况时使用的公文。

二、通报的特点

1. 告知性

通报的内容,常常是把现实生活中一些正面或反面的典型或带有倾向性的重要问题告诉人们,让人们知晓、了解。

2. 教育性

通报的目的不仅仅是让人们知晓内容,它的主要任务是让人们知晓内容之后,从中接受先进思想的教育,或警戒错误、引起注意、接受教训。这就是通报的教育性。这一目的,不是靠指示和命令的方式来达到,而是靠正面或反面典型的带动,来达到的真切的希望和感人的号召力量,使人们真正从思想上确立正确的认识,知道应该怎样做。

3. 政策性

政策性并不是通报独有的特点,其他公文也同样具有。可是,作为通报,尤其是表扬性通报或批评性通报,这个特点显得更为明显。因为通报中的决定(即处理意见),直接涉及具体单位、个人对事情的处理,同时,此后还会牵涉到其他单位、部门效仿执行的问题,决定正确与否,影响颇大。因此,必须讲究政策依据,体现党的政策。

三、通报的分类

1. 表扬性通报

表扬性通报,就是表扬先进个人或先进单位的通报。这类通报着重介绍人物或单位的先进事迹,点明实质,提出希望、要求,然后发出学习的号召。

2. 批评性通报

批评性通报,就是批评典型人物或单位的错误行为、不良倾向、丑恶现象或违章事故等的通报。这类通报通过摆事实、找根源,阐明处理决定,使人从中吸取教训,以免重蹈覆辙。这类通报应用面广,数量大,惩戒性突出。

3. 情况通报

情况通报,就是上级机关把现实社会生活中出现的重要情况告知所属单位和群众,让其了解全局,与上级协调一致,统一认识和步调,克服存在的问题,开创新的局面。这类通报具有沟通和知照的双重作用。

四、撰写通报应注意的问题

① 通报的内容必须真实。通报的事实、所引材料,都必须真实无误。动笔前要调查研究,对有关情况和事例要认真进行核对,客观、准确地进行分析、评论。

② 通报决定要恰如其分。无论哪一种通报,都要做到态度鲜明,分析中肯,评价实事求是,结论公正准确,用语把握有分寸。否则通报不但会缺乏说服力,而且可能产生负面作用。

③ 通报的语言要简洁、庄重。其中表扬性和批评性的通报还应注意用语有分寸,力求文实相符,不讲空话、套话以及过头的话。

技能拓展

① 根据下面的材料,代××县地税局拟写一份通报。

原××镇农贸市场协税员陈强,男,32岁。陈强于2013年6月15日至2014年6月20日应聘为农贸市场协税员。该员工在应聘期间,组织纪律性较差,法制观念淡薄,经领导帮助后依然未认识到自己问题的严重性,对收取的税款不按规定及时上交入库。问题暴露后,陈强不但不及时向组织报告,反而外逃躲避,后被公安机关抓获,予以行政拘留。陈强利用工作之便,挪用国家税款46382.60元,用于自己吃喝玩乐和赌博,已丧失协税人员的职业道德,造成一定的经济损失和恶劣影响。经研究决定,责令陈强必须把贪污的税款限期退清,并予以辞退。为加强对协税人员的管理,提出以下意见(略)。各单位组织税务人员认真学习通报,增强税务人员的法制观念,提高遵纪守法的自觉性,并建立和健全各种规章制度,严防贪污、挪用税款等类似事件的发生。

② 请找出下面这则通报中的错误并改正。

> ××市人民政府文件　　×府发〔2014〕11号
>
> **关于表彰××市××厂实现"安全生产年"的通报**
>
> 市属各企业:
>
> 　　为确保企业生产和人民生命财产安全,我市××厂从各方面采取有力措施,花大力气抓各项安全生产制度的贯彻落实,并建立了安全生产各级岗位责任制,2013年实现全年无重大生产和伤亡事故,成为我市标兵企业。为此,市政府决定给予××市××厂通报表扬,以资鼓励。
>
> 　　市政府号召全市各企业学习××市××厂的先进经验,结合企业实际,建立和健全安全生产岗位责任制,抓好安全生产,争创标兵企业,为把我市安全生产提高到一个新水平而努力。
>
> 　　特此通报
>
> 　　主题词:表彰通报
>
> 　　　　　　　　　　　　　　　　　　　　　　××市政府(印章)
> 　　　　　　　　　　　　　　　　　　　　　　二〇一四年元月

相关链接

通报、通告、通知三者的联系与区别

通报、通告、通知这三个文种都有沟通情况、传达信息的作用,但又有所区别。

1. 所告知的对象不同

通报是上级机关把工作情况或带有典型性的经验教训通报下级单位或部门,无论哪种通报,受文单位只能是制发机关的所属单位或部门。

通告所告知的对象是全部组织和群众,它所宣布的规定条文,具有政策性、法规性和一定的权威性,要求人们遵照执行,一般都要张贴或通过电台、电视台等新闻媒体宣传发布。

通知一般只通过某种公文交流渠道,传达至有关部门、单位或人员,它所告知的对象是有限的。

2. 制发的时间不同

通报制发于事后,往往是对已经发生的事情进行分析、评价,通报有关单位,从中吸取经验教训;通告、通知制发于事前,都有预先发出消息的意义。

3. 目的不同

通报主要是通过典型事例或重要情况的传达,向全体下属进行宣传教育或沟通信息,以指导、推动今后的工作,没有工作的具体部署与安排。

通知主要是通过具体事项的安排,要求下级机关在工作中照此执行或办理。

通告公布在一定范围内必须遵守的事项,有着较强的、直接的和具体的约束力。

4. 作用不同

通报可以用于奖惩有关单位或人员;通知、通告无此作用。

任务四　报告、请示、批复

教学目标

1. 知识目标
① 掌握报告、请示、批复三种文体的行文关系、具体写作要求与方法；
② 理解报告、请示、批复之间的区别与联系。
2. 能力目标
能仿照例文拟写报告、请示、批复三种公文。
3. 情感目标
通过学习撰写报告、请示、批复，培养严谨、规范的写作习惯。

任务情境

① 请以某学校的名义，向教育部呈送一份报告。汇报本学校 2014 年上半年的工作情况（可以写教学情况、科研情况、学生思想教育情况、招生和毕业生就业情况等等）。

② ××职校为提高教育质量、进行电教化教学，决定扩建计算机房，并更新计算机 20 台，经多方交涉，仍缺少资金 15 万，因此校务委员会研究决定请求区教育局给予支持，拨款解决。请你替该校拟一份请示。

③ 请根据"任务情境②"中的材料，为区教育局拟一份表示同意的批复文书。

任务分析

报告、请示和批复的结构都由标题、主送机关、正文和落款等四部分组成，但各个文种的具体写法有所不同。

1. 标题

这三种文种的标题一般都由发文机关、事由、文种名称组成，如：《铁道部关于 193 次旅客快车发生重大颠覆事故的报告》、《××市人民政府关于严厉查处行业不正之风的请示》；也可省略发文机关，由事由和文种名称组成，如：《关于我校工会干部待遇的报告》、《关于要求解决救灾经费的请示》。

2. 主送机关

报告、请示、批复都要写明主送机关。报告的主送机关一般只有一个，即要汇报事项的主管部门；请示的主送机关是指负责受理和答复该文件的机关，每份请示只能写一个主送机关，不能多头请示；批复的主送机关即来文请示的单位，批复是有针对性的，所以不可缺少主送机关。

3. 正文

（1）报告

报告的正文一般包括前言、主体、结束语等部分。

前言或概括内容、提出观点，或说明原因、目的，或交代报告产生的现实背景。

报告的主体有多种写法，下面主要介绍几种常见形态。

① 工作汇报性报告：应先写工作情况和成绩，然后写主要经验或教训，最后写存在的问题和不足以及今后的工作意见或打算。

② 情况反映性报告：先汇报发生的情况并作客观的分析，把情况的时间、地点、情节、当事人等写清楚，并分析这些情况发生的原因、性质和造成的影响；最后写处理结果或处理打算，已经作了处理的，应报告处理结果，尚未作处理的，应报告处理打算。

③ 答复询问性报告：此类报告的正文开始应引述上级机关来文时间、标题、文号，并用"所询关于……一事，现答复如下"字样引出下文。如果答复内容较多，可以分条开列，逐条写出。

报告的结束语比较简单，汇报工作的报告常用"以上报告如有不当，请予指正"或"特此报告"作为结束语；反映情况的报告常用"以上报告，请审阅"或"以上报告如无不妥，请批转……贯彻执行"等惯用语句结尾；答复询问性报告一般用"特此报告"结尾。有的报告也可以不使用结束语。

（2）请示

请示的正文主要由请示缘由、请示事项和结束语组成。

请示的缘由是请示事项能否成立的前提条件，也是上级机关批复的根据。

请示事项是请示的主体部分，它是向上级机关提出的具体请求。这部分内容要单一，只宜请求一件事；请示事项要写得具体、明确，以便上级机关给予明确批复。

结束语应另起一段，习惯用语一般有"当否，请批示"、"妥否，请批复"、"以上请示，请予审批"等。

（3）批复

批复的正文一般包括以下三方面内容：

一是引述来文，批复的开头应引来文的日期、标题和发文字号；

二是表明意见，对来文中的请求事项表明同意或不同意的态度；

三是结束语，常用"特此批复"、"专此批复"、"此复"等习惯用语。

4. 落款

写明发文机关和成文日期。

练一练

请根据任务情境的要求,完成报告、请示、批复的拟写。

相关知识

一、报告、请示、批复的适用范围

1. 报告的适用范围

《国家行政机关公文处理办法》规定:报告"适用于向上级机关汇报工作,反映情况,答复上级机关的询问"。报告还可用来向上级机关报送文件和物件。报告是陈述性公文,属上行文,在中下级机关中使用普遍。

2. 请示的适用范围

请示可用来向上级机关要求对本单位工作中遇到的新情况、新问题作出指示;或者对本单位所提出的工作方案作出批准;也可以是就开展某项工作活动的具体意见、建议,请求上级机关批转有关单位、部门参照执行。

3. 批复的适用范围

批复是上级机关答复下级机关某一请示时使用的公文。批复的用途比较单一,与其他下行文相同的是,批复中的有关指示,下级机关必须遵照执行。

二、报告、请示、批复的特点

① 报告的特点有:内容的真实性、意见建议的可行性、陈述的诚恳性。
② 请示的特点有:内容的单一性、要求的可靠性、语气的祈请性。
③ 批复的特点有:针对性、决策性、指示性。

三、报告和请示的区别

第一,行文时间不同。报告是为了让上级机关了解和掌握情况,所涉及的工作或事项可能尚未或正在进行或办理,也可能已经完成或办毕。因此,报告可以在事前、事中或事后撰写。而请示中的工作或事项,必须经过上级机关审核、批准后方能实施、办理,因此,请示必须事前行文,切不可"先斩后奏"。

第二,行文内容不同。报告的行文可以是一文一事,作专题性报告;也可以一文数事,作综合性报告。而请示必须是一文一事,便于上级机关及时审批。

第三,行文目的不同。报告的目的是为了让上级机关了解、掌握情况,或者提出意见、建议,一般无需上级机关批准。而请示的目的是为了得到上级机关的审核、批准,必须要求上级机关及时给予批复。

第四,处理方式不同。与下级机关发出报告和请示的目的不同相对应,上级机关在收到报告和请示时的处理方式也不同。对报告一般只作为"阅件"在一定范围内传阅,然后阅卷归档;而对请示则无论同意与否,都必须及时批复。

第五,行文重心不同。报告是陈述性公文,以叙事为主。而请示是请示性公文,以说理为主。

 技能拓展

① 以学生会的名义写一份报告,向学校汇报本学期学生会各项活动开展方面的情况。
② 请改正下面这份文书中的错误。

关于要求解决救灾经费的请示

区政府:

南山村地处徐坪镇最西端的丘陵地区,昌武高速公路自北向南通过本村。全村现有2360人,612户,耕地面积3000亩,林地面积3500亩。由于修建昌武高速公路,该村有好几个村小组的水系遭到破坏。2009年因灌溉困难,造成90多亩农田晚稻颗粒无收,270多亩收成减半。为解决旱情,今年7月份,该村购买大型柴油机两台,水管500余米,兴修灌溉渠道2300米,共贷款投入资金5万元。由于该村的村级财政基础薄弱,请求区政府解决救灾经费5万元。

特此请示,请批准!

徐坪镇人民政府
二〇一四年十二月十八日

---

③ 请根据下面的材料,写出相应的请示和批复。

东华管理学校为改善学生的住宿条件,要建2000平方米宿舍楼一幢,需人民币1200万元。为此,特于2014年4月26日发文给××市教育委员会,希望给予拨款解决。

××市教育委员会于2014年5月20日拟了一份表示同意的批复文书。

相关链接

范文一：

关于治理水质污染问题的报告

××市人民政府：

前接×政发〔2014〕106号函，询问我县水质污染原因及治理问题，现将有关情况报告如下：

我县水质现污染较严重，究其主要原因：一是公众环境保护意识差，一些居民随意向河道坑塘倾倒垃圾；二是我县市政基础设施薄弱，无污水处理厂，居民生活污水直接排入河道；三是近几年，我县"三业"发展较快，其废水杂物直接排入护城河及坑塘，造成水质严重污染；四是县造纸厂停产治理后，虽有污水处理系统，但运行费用高，工程设计落后，不能做到不间断达标排放。

解决水质污染问题的根本途径有：首先是建设污水处理厂，目前，县政府正在积极筹备之中；其次，加大宣传力度，提高全民环保意识，减少污水无序排放；第三，加大环保监督检查力度，确保排污企业治污设施正常运行，达标排放，促进水质改善；第四，环保部门依法行政，严格执法，从源头把关，减轻污染。

专此报告。

二〇一四年四月二十九日（公章）

范文二：

××大学关于增设文秘专业的请示

××省教委：

随着现代化建设事业的发展，社会对秘书的要求显著提高。据了解，仅本省县以上党政机关和企业事业单位所需秘书的缺口就达7000人以上，开设文秘专业，培养高层次的秘书人才，刻不容缓，具有战略意义。

我们设想，文秘专业专科，学制两年，以培养县以上党政机关和企业事业单位秘书工作人员为目标。拟于2014年9月招生，每年招50人。

以上请示如无不妥，请批准。

附件：
1.《普通高等学校增设专科专业申请表》一份
2.《××大学秘书专业教学计划》一份

××大学
二〇一三年七月二日

范文三：

××省教委关于××大学开设文秘专业的批复

××大学：

你校关于增设文秘专业的请示收悉。现批复如下：

一、同意增设文秘专业。

二、2014年9月开始招生，学制两年，每年招50人。

三、以培养县党政机关和企业事业单位秘书工作人员为目标，培养出高层次的秘书人才，适应现代化建设的需要。

特此批复

××省教委
二〇一三年七月十日

任务五　函

教学目标

1. 知识目标
① 了解函的概念、特点及类型；
② 掌握函的行文关系及具体的写作要求与方法。
2. 能力目标
能够熟练拟写函，提高写作能力。
3. 情感目标
通过学习撰写函，培养严谨、规范的写作习惯。

任务情境

请根据下面的材料，拟写一份函。

西阳公司去年曾想办班重点培训一批企业秘书人员，最后因力量不足未能办成。今年听说××大学将于近期举办一期秘书培训班，系统地培训秘书人员，因此西阳公司打算派十名秘书人员去××大学随班学习，让该校代培。如果该校同意，西阳公司将不胜感谢。代培所需费用则由西阳公司如数拨付。

任务分析

函的结构一般包括标题、发文字号、主送机关、正文、落款五个部分。

1. 标题

函的标题有三种写法：

一是包括发文机关、事由、文种，如：《国务院办公厅关于悬挂国徽等问题给湖北省人民政府办公厅的复函》，这是重要复函常用的标题。

二是只写事由、文种，省略发文机关，如：《关于请求增拨设备维修费的函》《关于拨款举办"民间艺术节"的复函》，前例为发函标题，后例为复函标题。

三是省略事由的，如：《××省高级人民法院函》，这种情形不多见。

2. 发文字号

由发文机关代字、发文年度号和发文顺序号三部分组成。写在标题下正中的位置。

3. 主送机关

即受文并办理来函事项的机关单位,于文首顶格写明全称或者规范化简称,其后用冒号。

4. 正文

一般由开头、主体、结尾、结束语等部分组成。

开头主要说明发函的缘由。一般要求概括交代发函的目的、依据、原因等内容,然后用"现将有关问题说明如下"或"现将有关事项函复如下"等过渡语转入下文。复函的缘由部分,一般首先引述来文的标题、发文字号,然后再交代相关依据,以说明发文的缘由。

主体是函的核心部分,主要说明致函事项。函的事项部分内容单一,一函一事,行文要直陈其事。无论是商洽工作、询问和答复问题,还是向有关主管部门请求批准事项等,都要用简洁、得体的语言把需要告诉对方的问题、意见叙写清楚。如果属于复函,还要注意答复事项的针对性和明确性。

结尾一般用礼貌性语言向对方提出希望,可以请对方协助解决某一问题、及时复函、提出意见,或请主管部门批准等。

结束语通常应根据函询、函告、函或函复的事项,选择运用不同的结束语。如:"特此函询(商)"、"请即复函"、"特此函告"、"特此函复"等。有的函也可以不用结束语,如果属于便函,可以像普通信件一样,使用"此致"、"敬礼"等。

5. 落款

落款一般包括署名、成文时间两项内容。若标题中已写明发文机关的,这里可不再署名,但需加盖单位公章。这部分位于正文末尾的右下方。

练一练

请根据任务情境的要求,完成函的拟写。

 **相关知识**

一、函的概念

函是不相隶属机关之间商洽工作、询问和答复问题、请求批准和答复审批事项时所使用的公文。

二、函的特点

1. 沟通性

函对于不相隶属机关之间商洽工作、询问和答复问题起着沟通的作用,充分显示了平行文种的功能,这是其他公文所不具备的特点。

2. 灵活性

表现在两个方面:

一是行文关系灵活。函是平行公文,但是它除了平行行文外,还可以向上行文或向下行文,没有其他文种那样严格的特殊行文关系的限制。

二是格式灵活。除了国家高级机关的主要函必须按照公文的格式、行文要求行文外,其他一般函在格式和行文要求上比较灵活自如,可以有文头,也可以没有文头,可以不编发文字号,甚至可以不拟标题。

3. 单一性

函的主体内容具备单一性的特点,一份函宜只阐述一件事项。

三、函的作用

函有以下三方面的作用:

① 相互商洽工作。如:调动干部,联系参观、学习,联系业务,邀请参观指导等。

② 询问和答复问题。如:天津市民政局向民政部询问的"关于机关离休干部病故抚恤问题"以及民政部对此问题的答复,都是以"函"的形式体现的。

③ 向有关主管部门请求批准。如:《民政部关于请安排每年生产三百辆火葬运尸专用车的函》就是为向国家计划委员会请求批准而发的。

四、函的分类

函可以从不同角度分类:

① 按性质分,可以分为公函和便函两种。公函用于机关单位正式的公务活动往来;便函则用于日常事务性工作的处理。便函不属于正式公文,没有公文的格式要求,甚至可以不加标题,不加发文字号,只需要在落款署上机关单位名称、成文时间并加盖公章即可。

② 按发文目的分,可以分为发函和复函两种。发函即主动提出公事事项所发出的函;复函则是回复对方所发出的函。

③ 按内容和用途分,还可以分为商洽事宜函、通知事宜函、催办事宜函、邀请函、请示答复

事宜函、转办函、催办函、报送材料函等。

五、撰写函应注意的问题

① 函的写作,首先要注意行文简洁明确,用语把握分寸。无论是平行机关还是无隶属关系的机关间的行文,语气都要平和有礼,不要倚势压人或强人所难,也不必逢迎恭维、曲意客套。至于复函,则要注意行文的针对性、答复的明确性。

② 函也有时效性的问题,特别是复函,更应该迅速、及时。受文机关应像对待其他公文一样,及时处理函件,以保证公务等活动的正常进行。

 技能拓展

① 根据任务情境的内容,为××大学拟写一则复函。

② 请根据下面的函,拟写一则复函。

××食品公司关于补足货物余数的函

(××食品公司〔××××〕×号)

××县供销社：

　　我公司于去年5月13日与贵社签订了一份购销合同,由你社提供我公司植物油1.5万升、大米2.5万公斤、鸡蛋1.8万只。截至到今年1月14日,只收到植物油1万升、大米2万公斤、鸡蛋1.2万只。现春节临近,为了安排好春节市场物资供应,满足广大人民群众的需求,请贵社将上述三种货物的余数在一月底之前如数交足,希望贵社能大力支持。

××食品公司
××××年1月15日

注：××县供销社没有按时交货的原因,是因为由县城通往市区的公路桥坍塌,预计本月底方可修复,所余货物要到一月底方可运达。

③ 请找出下面这则函中的错误并改正。

××省财经学校给××大学的函

××大学校长办公室：

　　首先,我们以××省财经学校的名义,向贵校致以亲切的问候,我们以崇敬和迫切的心情,冒昧地请示贵校帮助解决我校当前面临的一个难题。

　　事情是这样的：最近,我校经与××学校磋商,决定派几位教师到该院进修学习,只因该院恢复不久,大部分房屋至今未能修葺完毕,以致该院职工的住房和学生的宿舍及教室破旧拥挤。我校几位进修教师的住房问题,虽几经协商,仍得不到解决。然而举国上下,齐头并进,培养人才,时不我待,我校这几位教师出省进修学习机会难得,时间紧迫,任务繁重,要使他们有效地学习,住宿问题是亟待解决的。

为此,我们在进退维谷的情况下,情急生智,深晓贵校府高庭阔、物实人济,且具有宽大为怀、救人之危的美德。于是,我们抱一线希望,与贵校商洽,能否为我校进修教师的住宿问题提供方便。但不知贵校是否有其他困难,如有另外的要求和条件,我校则尽力相助。若贵校对于住宿一事能够解决,我校进修教师在住宿期间可为贵校教学事务做些义务工作,譬如辅导和批改作业等,这样可以从中相得益彰。我们以校方的名义向贵校表示深深的恩谢。

　　以上区区小事,不值得惊扰贵校,实为无奈,望谅解,并希望尽快得到贵校的答复。

　　此致

敬礼

××××年×月×日

相关链接

　　函,从广义上讲,就是信件,它是人们传递和交流信息的一种常用的书面形式。但是,作为公文法定文种的函,就已经远远地超出了一般书信的范畴,不仅用途更为广泛,最重要的是被赋予了法律效力。2012年最新发布的《党政机关公文处理工作条例》(以下简称《条例》)中规定:"函。适用于不相隶属机关之间商洽工作、询问和答复问题、请求批准和答复审批事项"。这说明,除有隶属关系的上下级外的一切无隶属关系的机关之间商洽工作、询问和答复问题,甚至请求批准和答复审批事项,一律使用"函"。

　　2000年国务院办公厅《关于实施〈国家行政机关公文处理办法〉涉及的几个具体问题的处理意见》在阐述"函的效力"时强调指出:"函作为主要文种之一,与其他主要文种同样具有由制发机关权限决定的法定效力。"

　　例如,国务院办公厅就宁波海关的行政级别问题答复浙江省人民政府和海关总署时,用的就是函。

国务院办公厅关于同意宁波海关升格为正厅(局)级直属海关问题的复函

国办函〔2002〕31号

浙江省人民政府、海关总署:

　　浙江省人民政府《关于宁波海关升格为正厅级直属海关的请示》(浙政〔2001〕27号)收悉。经国务院领导同志同意,现函复如下:

　　同意宁波海关升格为正厅(局)级机构,隶属于海关总署,不增加人员编制。

　　其他有关事宜,请你们与有关方面协商办理。

国务院办公厅
二〇〇二年四月十八日

＊引自《中华人民共和国国务院公报》,2002年第16号。

这份重要文件,虽然以"函"的形式出现,但实质上具有法定效力,浙江省人民政府、海关总署均应按此执行。

所以,那些把"函"只作为一般书信对待的做法,认为"函"的权威性不如其他公文文种的想法,都应该予以纠正。

任务六　会议纪要

🎯 教学目标

1. **知识目标**
① 了解会议纪要的含义和用途；
② 掌握会议纪要的基本结构以及具体的写作要求与方法。
2. **能力目标**
能够熟练拟写会议纪要，提高写作能力。
3. **情感目标**
通过学习撰写会议纪要，培养进行有效沟通交流的好习惯。

🚩 任务情境

13级文秘班近日召开班会，讨论组织全班到华南植物园秋游。试根据此班会内容，拟写一份会议纪要。

❓ 任务分析

会议纪要通常由标题、正文、落款三部分构成。

1. 标题

通知的标题居于首行正中的位置，一般有以下几种形式：
① 由会议名称加文种名称组成，如：《全国工商会议纪要》。
② 由会议地点加文种名称组成，如：《庐山会议纪要》。
③ 由会议主要内容加文种名称组成，如：《关于加强综合治理问题会议纪要》。
④ 由召开会议的机关名称、主要内容与文种名称组成，如：《省经贸委关于企业扭亏会议纪要》。
⑤ 双式标题，这种标题带有新闻性，正题阐述会议的主旨、意义，副题交代会议名称、文种名称。如：《人命重于天——国家生产安全会议纪要》。

2. 正文

会议纪要的正文由导言、主体和结尾三部分组成。
导言即会议组成情况。通常采用简述式写法，简述会议时间、地点、出席人员、中心议题和议程等。

主体即会议的主要精神和议定事项。常务会、办公会、日常工作例会的纪要，一般包括会议内容、议定事项，有的还可概述议定事项的意义。工作会议、专业会议和座谈会的纪要，往往还要写出经验、做法、今后工作的意见、措施和要求等。

下面分别介绍综述式会议纪要、分项式会议纪要、摘要式会议纪要主体的写法：

① 综述式会议纪要，即对会议的内容或议定事项进行综合概括，按性质分成若干部分，然后依据一定的逻辑顺序排列写出。议题比较重大、涉及面较广的会议纪要，多属此类。

② 分项式会议纪要，即把会议的内容或议定事项分条列项地写出。许多办公会议纪要或讨论解决较具体、较专门问题的会议纪要都属于这一类。

③ 摘要式会议纪要，即将与会者的发言按中心议题的要求择其要点摘录出来，按内容性质归类后写出。对发言者要写出真实姓名和职务、职称。这种写法能客观地反映与会者的观点和主张，还能较大限度地保留谈话风格。

结尾一般写的是对与会者的希望和要求，也有会议纪要不写专门的结尾。

3. 落款

落款包括署名和时间两项内容。署名只用于办公室会议纪要，署上召开会议的领导机关的全称，下面写上成文的年、月、日，加盖公章。一般会议纪要则不需署名，只写成文时间，加盖公章即可。

练一练

请根据任务情境的要求，完成会议纪要的拟写。

相关知识

一、会议纪要的含义和用途

会议纪要适用于记载、传达会议情况和议定事项,是根据会议记录、会议文件和会议的其他有关资料整理而成的,既可以上行,也可以下达。

会议纪要的作用,主要表现为沟通情况、交流经验、统一认识、指导工作。有些会议纪要可经上级领导机关或主管部门批转或转发。

二、会议纪要的特点

1. 纪实性

会议纪要必须是会议宗旨、基本精神和所议定事项的概要纪实,不能随意增减或更改内容,任何不真实的材料都不得写进会议纪要。

2. 概括性

会议纪要必须精其髓、概其要,以极为简洁精练的文字高度概括会议的内容和结论。既要反映与会者的一致意见,又要兼顾个别同志有价值的看法。有的会议纪要还要有一定的分析说理。

3. 条理性

会议纪要应对会议精神和议定事项分类别、分层次予以归纳、概括,使之眉目清晰、条理清楚。

三、会议纪要的类型

按照会议内容的不同,会议纪要可以划分为以下几种类型。

1. 决议性会议纪要

此类会议纪要主要记载和反映领导层制定的决策事项,作为传达和部署工作的依据,对今后的工作具有指导意义。常用于领导办公会议。

2. 研讨性会议纪要

此类会议纪要主要记载和反映经验交流会议、专业会议或学术性会议的研讨情况,旨在阐明各方的主要观点、意见或情况。主要用于职能部门和学术研究机构召开的专业会议或学术研讨会议。

3. 协议性会议纪要

此类会议纪要主要记载双边或多边会议达成的协议情况,以便作为会后各方执行公务和履行职责的依据,对协调各方今后的工作具有约束作用。常用于领导机关主持召开的多部门协调会或不同单位联席办公会。

根据写法的不同,会议纪要还可分为分项式会议纪要、综述式会议纪要和摘要式会议纪要三种类型。

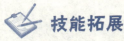

技能拓展

① 试写出下列病文的修改稿。要求先指出病文的错误,再改写。

《××××学会会议纪要》

　　时间:××××年×月××日

　　参加人员:常务副会长×××,副会长×××、×××、×××,办公室主任×××,副主任×××,活动中心主任××。

　　会议内容:

　　一、确定了学会的办公地点。根据××××年×月××日会议决定,×××、×××同志对学会办公地点进行了考察,经过比较,认为××大学办公条件优越,适合作为学会的办公地点。会议决定,从即日起××××学会迁址到××大学,挂牌办公。通信地址:××市××区××路××号。联系电话:×××××××××。

　　二、学会与××大学商定,由××大学给学会提供办公室、办公桌椅、电话和必要的办公费用。利用××大学的教学条件,双方共同组织举办秘书培训班等。

　　三、增补了学会副会长。为便于开展工作,建议增补××为学会副会长,负责学会的后勤保障和日常管理,先开展工作,以后提请×月份常务理事会确认。

　　四、制订了今年的活动计划。(略)

××××学会
××××年××月××日

---

② ××职业学校为了提高毕业生的就业率,进一步扩大学校在社会上的知名度,于2014年3月5日在校多功能厅召开了毕业生就业工作会议,参加人员有教学、教辅、行政、后勤等各部门主要领导。

会议认为,必须提高认识,高度重视毕业生的就业工作。毕业生的就业率直接影响到学校在社会上的地位和知名度,从而影响到招生工作,各部门都要尽心尽力,这一工作是全校所有教职员工的工作,毕业生就业率的高低决定着一个学校能否顺利地向前发展。

会议强调,要加强对毕业生就业的推荐和指导工作。各部门要齐心协力,与各银行、金融机构沟通,建立长期合作关系,进一步加强与各企业的合作交流,以毕业生的实习促进就业率的增长;同时,要加强对毕业生的就业指导工作,在心理、技能等各方面加强培训。

会议指出,今年是就业形势较为严峻的一年,各部门要把即将到来的毕业生就业工作放在首位,以直接负责部门为主,其他部门全力支持,促进就业方向的多元化。

请根据以上资料拟写一份会议纪要。

相关链接

会议纪要与会议记录的区别

会议纪要有别于会议记录。两者的主要区别是：第一，性质不同。会议记录是讨论发言的实录，属事务文书。会议纪要只记录要点，是法定行政公文。第二，功能不同。会议记录一般不公开，无须传达或传阅，只作为资料存档；会议纪要通常要在一定范围内传达或传阅，要求相关部门贯彻执行。

任务七 决定、意见

 教学目标

1. 知识目标
① 了解决定、意见的概念及使用范围；
② 掌握决定、意见的行文关系及具体的写作要求与方法。
2. 能力目标
能够熟练拟写决定、意见，提高写作能力。
3. 情感目标
通过学习撰写决定、意见，培养严谨、规范的作风。

任务情境

××职业技术学院13级计算机班学生李××，2014年4月30日中午喝醉酒回宿舍开门时，被同宿舍王××不小心撞了一下。李××不管三七二十一对王××大打出手，将其打成重伤。李××的行为引起了在场其他同学的公愤。

据查李××平时学习不认真，经常旷课，在校外打架斗殴，屡教不改。经学院领导研究决定，给予李××以留校察看处分。

请根据上面提供的材料拟写一份决定。

任务分析

决定的结构一般由标题、正文和落款三部分组成。

1. 标题

标题有两种形式：
① 发文机关＋事由＋文种名称，如：《中共中央关于科学技术体制改革的决定》。
② 事由＋文种名称，如：《关于环境保护工作的决定》。
有的标题下面标明"××××年×月×日×××会议通过"字样，并用括号括住。
在写作时，究竟采用哪种形式的标题为宜，可根据实际情况灵活使用。

2. 正文

一般由发布的理由（包括根据、原因、目的等）、决定的事项、结尾三部分组成。
发布的理由是决定正文的开头部分，其内容主要是交待为什么发布决定或根据什么发布

决定,以便使人们明白发布决定的必要性。

决定的事项是决定的主体部分,通常有以下几种表达方式:

一是一段到底式,即不分段,一口气写到底。这种方式适用于内容单一、篇幅简短的决定。

二是分条标项式,即把决定中所涉及的若干问题按照主次列成若干条项,并用数码依次标出。这种形式适用于牵涉较多具体问题、事项的决定。

三是小标题式,即把决定中每条内容的中心内容归纳成小标题,分列于每一部分之前。这种写法条理清晰,内容突出。

四是分部分表述式,即把全文分成若干部分,每一部分表达一个中心意思,用中文数码标明各部分的顺序。

结尾部分往往围绕所决定的事项提出要求、希望或号召。这一部分并非所有决定都有,通常多用于表彰性决定。

3. 落款

如果标题已有发文机关名称,则落款处一般不再写发文机关名称。

决定的日期署的是公布此项决定的年、月、日,其位置通常写在标题下的小括号内。如果是会议通过的决定,需要在标题下的小括号内写明这一决定是在什么时间、什么会议上通过的。

练一练

请根据任务情境的要求,完成决定的拟写。

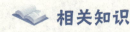 相关知识

一、决定的含义

决定是党政军机关、社会团体、企事业单位对重大事项或重大行政公务做出安排而制定的一种指挥性公文,属于下行文种。上至党和国家的重大决策、战略部署,下至基层单位的奖惩事宜,均可使用这一文体。

二、决定的特点

1. 制约性

决定是下行文,一般由领导机关制发,要求下级机关贯彻执行。决定的制约性主要表现在领导性、指挥性和强制性上。比较起来,决定的制约性没有命令那么强硬,但比其他公文要强。因为决定比较集中地体现了上级领导机关对重要事项和重大行动的指挥意志、处置意图和倾向,要求下级机关无条件执行。另外,决定有时是法规的延伸和补充,具有强制性和行政约束力。

2. 稳定性

决定的稳定性主要表现在内容上。某个问题一旦经党政领导机关做出决定,就会被要求在相当长时期内贯彻执行。例如,1984年10月20日《中共中央关于经济体制改革的决定》,一直是我国经济体制改革的主要政策依据。

三、决定的分类

1. 指挥性决定

指挥性决定也叫部署性决定,多为对重要事项和重大行动做出部署的决定。这类决定政策性强,要求坚决贯彻执行。

2. 法规性决定

法规性决定是指为规范人们的社会行为或为国家某一方面的管理工作要求而制定的类似法规的重要决定。

3. 知照性决定

知照性决定主要指把决定的事项简要地传达给有关地区、单位和人员,多数没有执行要求,少数兼有事项安排。

4. 表彰与处理性决定

表彰与处理性决定是指对人或事进行表彰或处理的决定。

5. 变更或撤销性决定

变更或撤销性决定是指对下级机关不适当的决定事项或有关事项做变更或撤销处理的决定。

 **技能拓展**

① 下面是一篇病文,请指出其错误并写出修改稿。

> **关于张××违反劳动纪律的处分决定**
>
> 　　张××,男,现年30岁,系机加车间原汽车装卸队工人。该同志自入厂以来,屡次违反劳动纪律,曾多次发生斗殴事件,谩骂领导干部,辱骂老工人。特别是今年×月×日,张××伙同×××(已收审)、×××(已记大过)两次殴打×××,影响极坏。为了维护厂规定厂法,加强劳动纪律,经厂务会议讨论通过,决定给予张××开除厂籍、留厂察看一年的处分。察看期间只发给生活费,每月×××元。
>
> ××市××厂

② 阅读下列材料,拟写一则决定。

2014年3月3日上午8时左右,一名江西籍男子从××客运码头跳海。当时,天气寒冷,海水刺骨。分局辅警李云龙、贺俊不顾个人安危,迅速脱掉外衣,纵身跳入海中,实施下水救援,在岸边其他民警和辅警的帮助下成功救起该男子,并迅速将其送往普济医院进行抢救,使落水者转危为安。为表彰先进,弘扬正气,经研究,××市人民政府决定对李云龙、贺俊两位同志在全市进行表彰。

③ ××镇环境卫生较差,行人随地吐痰、乱扔乱丢垃圾、随地乱倒污水的现象屡见不鲜,严重影响市容市貌。请以某社区居委会的名义向××镇人民政府撰写一份建议加强××镇城市卫生管理的意见。

相关链接

意见

一、意见的含义

对某一重要问题存在看法与建议,就可以"意见"形式撰文向上级或下级表达本单位的见解或处理办法。

二、意见的写作结构

1. 标题

意见的标题有两种形式:一是完全式标题,即发文机关+事由+文种名称,如:《国务院关于进一步深化粮食流通体制改革的意见》;二是省略式标题,即事由+文种名称,如:《关于2002年国有企业改革与发展工作的意见》。

2. 正文

意见的正文由意见缘由、意见内容构成。

意见缘由即解释"为什么提意见",主要介绍提出意见的背景情况、依据、目的、意义等内容。意见缘由的写作要目的明确,理由充分。

无论是上报建议,还是下发指导意见,都应充分阐明其必要性及政策、法律依据。意见缘由向意见内容过渡常用"现提出如下意见"或"特制定本处理和实施意见"等过渡语句。意见的核心内容是对有关问题或某项工作提出见解、建议或解决办法,内容涵盖量大,多采用条文式结构。写作时要注意把原则性内容与规范性内容结合起来,既提出总的、原则性的要求,又有明确、具体、便于实际操作的措施和办法。

3. 结尾

结尾可自然结束,也可使用规范化结语。下行文意见常使用的结束语有:"以上意见,各单位要结合本部门实际情况,制定相应的措施并报××××","以上意见,请认真贯彻落实"。

上行文意见的结尾则经常使用"以上意见,请审阅","以上意见如无不妥,请批转各地各单位执行"等习惯用语。

4. 落款

意见的落款可按照一般公文落款的形式,写明成文日期并加盖发文机关印章。有些规范性较强的意见,可将发文机关和发文时间置于标题之下。

模块二　事务应用文写作

内容介绍

　　事务应用文是指党政机关、社会团体、企事业单位或个人为处理日常办公事务、交流信息、总结经验、解决问题、指导工作而使用的应用文体。它是文秘工作中使用频率极高的一种实用性文体,具有指导性、实用性、真实性、灵活性等特点。

　　事务应用文有咨议性、规范约束、喻事明理、留存备查、沟通情况等作用。

任务一 倡议书、申请书

教学目标

1. 知识目标
① 了解倡议书、申请书的概念和适用范围；
② 掌握倡议书、申请书写作的基本格式。
2. 能力目标
能够熟练拟写倡议书、申请书，语言得体。
3. 情感目标
通过学写倡议书，培养自身的社会责任感和公众意识。

任务情境

阅读对人成长的影响是巨大的，一本好书往往能改变人的一生。4月23日是世界读书日，塞万提斯、莎士比亚、维加等许多著名的作家都在这一天出生或逝世。联合国教科文组织于1995年将每年的这一天定为"世界读书日"，鼓励人们、特别是青少年培养读书的兴趣。

请你以校团委的名义拟写一份向全校师生倡议勤奋读书的倡议书。

任务分析

倡议书的结构一般由标题、称呼、正文、结尾、落款五个部分组成。

1. 标题

倡议书的标题有两种构成方式：
① 由文种名称构成，即在第一行正中用稍大字体写上"倡议书"字样。
② 由倡议内容加上文种名称构成，如：《争当世博志愿者倡议书》。

2. 称呼

称呼顶格写在标题下第一行。可依据倡议的对象而选用适当的称呼，如："广大的青少年朋友们"、"居民同志们"。

3. 正文

首先，写明倡议书的背景、原因和目的。倡议书的发出意在引起广泛的响应，因此只有交代清楚活动的目的以及当时的各种背景事实，人们才会理解和信服，并自觉地采取行动。否则就会使人觉得莫名其妙,难以响应。

其次,阐述倡议书的具体内容和要求。这是正文的重点部分,主要包括开展什么活动、需要做哪些事情、具体要求是什么等。

4. 结尾

结尾多用来表达倡议者的决心和希望,或者提出某种建议。一般在倡议书结尾不写表示敬意或祝愿的话。

5. 落款

在正文的右下方写明倡议者单位、集体的名称或个人姓名,署上日期。

练一练

请根据任务情境的要求,完成倡议书的拟写。

_____
_____
_____
_____
_____
_____
_____
_____
_____
_____
_____

相关知识

一、倡议书、申请书的概念

倡议书是个人或集体提出建议并公开发起,希望共同完成某项任务或开展某项公益活动所写的一种专用书信。

申请书是个人请求组织或下级请求上级批准某一要求或帮助解决某一问题时所写的一种书信。

二、申请书的种类

从用途上划分,申请书有以下几类:

① 思想政治方面的申请,一般指加入某些政治团体,如:入团申请书。
② 工作学习方面的申请,如:工作调动申请书。
③ 日常生活方面的申请,如:困难补助申请。

三、申请书的格式要求

申请书的结构同样由标题、称呼、正文、结尾和落款构成。

1. 标题

申请书的标题有两种构成方式:
① 由文种名称构成,即在第一行正中用稍大的字体写上"申请书"作标题。
② 由内容加上文种名称构成,如:《入团申请书》。

2. 称呼

另起一行顶格写上接收申请书的单位名称或领导姓名,如:"×××团支部",然后加冒号。

3. 正文

正文主要包括三项内容:
① 申请内容,开篇就要向领导、组织提出申请什么,直截了当,不含糊。
② 申请原因,说明申请的目的、意义及自己对申请事项的认识。
③ 决心和要求,表明自己的决心、态度和要求,应写得具体、诚恳。

4. 结尾

申请书结尾一般是表示敬意的话,如:"此致敬礼"等。

5. 落款

在正文的右下方署明申请人姓名,并在下面注明日期。

 技能拓展

① 以你所在社区居民的名义,就创建和谐小区给居民们写一份倡议书。要求:符合倡议书的书写要求,有一定的文采,字数在 500 字左右。
② 写一份入团申请书。

相关链接

李明是应届初中毕业生,中考后被××贸易学校录取。因家庭经济困难,他向学校提出要求减免学费。请拟写这份申请书。

申请书

学生科老师:

  我是××班的李明,因为父母双双下岗,家庭经济收入主要靠政府的低保收入和父母每月 1500 元的下岗工资,生活非常困难。为了顺利完成学业,特向学校申请减免学费。如能批准,我一定会加倍努力,好好学习,不负老师们的期望。

  此致

敬礼

申请人:李明
××××年×月×日

任务二　感谢信、慰问信、贺信

教学目标

1. 知识目标
① 初步掌握感谢信、慰问信和贺信写作中所包含的基本要素；
② 掌握感谢信、慰问信和贺信写作的基本格式。

2. 能力目标
能够熟练拟写感谢信、慰问信和贺信，清楚地表述内容，措辞得体。

3. 情感目标
通过学写感谢信、慰问信和贺信，了解相关礼仪知识，提高人际交往能力。

任务情境

××外语学校学生王××不久前不幸被确诊患上了白血病，急需治疗费二十多万元。王××家长都是工薪阶层，一时负担不起如此巨额的医药费，焦急万分。得知这一消息后，该校领导、师生纷纷主动捐款，一些外籍老师也慷慨解囊。在《爱的奉献》的歌曲声中，该校领导将全校捐赠的第一笔现金三万零伍佰元交到了王××家长手中。王××家长感激万分。

请以王××家长的名义给××外语学校写一封感谢信。

任务分析

感谢信通常由标题、称呼、正文、结尾和落款五部分构成。

1. 标题

在第一行正中用稍大字体写上"感谢信"或"致×××的感谢信"。

2. 称呼

标题下面顶格写对方单位的领导。

3. 正文

首先，具体叙述对方的先进事迹。其次，在叙述事实的基础上颂扬对方的品德，表达感激之情，同时表示向对方学习的态度和决心。

叙述事件时，务必交待清楚人物、事件、时间、地点、原因和结果，尤其要重点叙述关键时刻对方给予的关心和支持。

4. 结尾

写表示敬意的词语,如:"此致敬礼"。

5. 落款

在正文的右下方署名并写上日期。

> **练一练**
>
> 请根据任务情境的要求,完成感谢信的拟写。
>
> _____
> _____
> _____
> _____
> _____
> _____
> _____
> _____
> _____
> _____

📖 相关知识

一、感谢信、慰问信、贺信的概念和适用范围

感谢信是为了答谢对方的邀请、问候、关心、帮助和支持而撰写的公关礼仪书信。

慰问信是向组织或个人表示慰问的一种专用书信。慰问信应用的范围比较广泛,一般用于对前线将士、灾区人民、伤病员、烈军属、荣复转退军人、离退休老干部、前往执行特殊任务的人员和做出特殊贡献的人员进行慰问。

贺信是指行政机关、企事业单位、社会团体或个人向其他集体单位或个人表示祝贺的一种专用书信。今天贺信已成为表彰、赞扬、庆贺对方在某个方面所作贡献的一种常用文种,它还兼有表示慰问的功能。

二、慰问信和贺信的格式要求

慰问信和贺信同样都由标题、称呼、正文、结尾和落款构成。

1. 标题

在第一行正中用稍大字体写上"慰问信"或"贺信"字样作标题。

2. 称呼

另起一行，顶格写上受慰问的或被祝贺的单位名称或个人姓名，后加冒号。

3. 正文

（1）慰问信的正文内容

① 发文目的。写清楚发此信的目的是何机关或个人向何单位或个人表示慰问。

② 慰问缘由或事项。本部分概括地叙述对方的先进思想和先进事迹，要表达出钦佩之情。

③ 最后表示慰问或表达向他们学习的意愿，应写得真切、诚恳。

（2）贺信的正文内容

① 写明祝贺的原因，要精练、概括地说明。

② 表示热烈祝贺、赞颂的心情。

③ 提出希望和共同的理想。

4. 结尾

结尾一般写上祝愿、致敬等话语，如："此致敬礼"等。

5. 落款

在正文的右下方署单位名称或写信人姓名，并在下面注明日期。

技能拓展

三月初，张先生的孩子突患重病，住进××医院，××医院的医生以救死扶伤为己任，立即投入一场挽救生命的战斗中。经过医护人员的全力抢救和精心护理，孩子终于转危为安。张先生为了表示感谢，想给医生们赠送一些礼品，但被医生们婉言谢绝了。于是张先生给医院写了一封感谢信。

请代拟这封感谢信。

相关链接

范文：

2013年教师节慰问信

全市广大教师和教育工作者：

　　金秋送爽，桃李芬芳。在第29个教师节来临之际，市委、市政府向辛勤耕耘在全市教育战线上的广大教师、教育工作者致以节日的问候和崇高的敬意！

　　过去的一年，全市教育系统认真贯彻党的教育方针，努力践行科学发展观，坚持教育创新，深化教育改革，各项工作取得了显著成绩。义务教育实施水平不断提高，职业教育办学效益日益显著，教师队伍建设进一步加强，教育系统精神文明建设捷报频传。这些成绩的取得，是各级党委、政府和有关部门重视、支持教育的结果，是社会各界尊师重教的结果，更是全市广大教师和教育工作者无私奉献、辛勤努力的结果。借此机会，市委、市政府向广大教师、教育工作者和支持、关心教育的社会各界人士表示诚挚的感谢！

2013年是全面贯彻落实党的十八大精神的开局之年，是实施"十二五"规划承前启后的关键一年。各级党委、政府要充分认识教育在提高全民素质，实现我市经济社会跨越式发展的先导性、基础性作用，充分认识教师在振兴教育中的关键作用，真正把教育摆在优先发展的战略地位，一如既往地关心、支持教育事业的发展。

各级教育行政部门和学校要进一步加大教育项目建设力度，积极开展素质教育，全面提高教育质量，确保各级各类教育健康协调发展。广大教师和教育工作者，要热爱教育事业，坚持以振兴教育为己任，不断提高自身的业务素质和师德水平，以优异的成绩赢得全社会的信任与尊重，为开创渭南教育事业新的辉煌而不懈努力，为加快建设富裕、文明、和谐、活力的陕西东大门作出新的更大贡献！

最后祝全市广大教育工作者节日愉快，身体健康，工作顺利，阖家幸福！

中共渭南市委
渭南市人民政府
2013年9月9日

任务三 条据

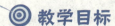 教学目标

1. 知识目标
① 初步掌握条据写作中所包含的基本要素；
② 掌握条据写作的基本格式。
2. 能力目标
① 能够熟练拟写病假条和事假条，语言规范；
② 能够熟练拟写借物和借钱条据，规范书写汉字大写数字。
3. 情感目标
通过学写条据，培养严谨的作风态度。

任务情境

学生李英因急性阑尾炎开刀，需请假十五天。请以李英的名义给班主任王老师写一张请假条，并附上医院的证明。

任务分析

请假条通常由标题、称呼、正文、落款四部分组成。

1. 标题
即在第一行正中用稍大字体写上"请假条"字样。

2. 称呼
标题下面一行顶格写称呼（接受请假条的单位或个人），称呼后面加上冒号，表示后面有话要说。

3. 正文
第二行开头空两格写正文，内容包括请假的缘由、起止时间。正文结尾另起一行开头空两格写"此致"，再另起一行顶格写"敬礼"，以表示对对方的敬意，也可不写。

4. 落款
在正文的右下方写明请假人姓名，并在具名下面写上日期。

练一练

请根据任务情境的要求,完成请假条的拟写。

_____

相关知识

条据按内容和性质可以分为两类:一是说明性的便条,二是凭证性的单据。

一、便条

1. 便条的性质和种类

便条是一种简单书信。人们在日常工作、学习和生活中临时遇到某事要告诉对方,或有什么要求又不能面谈,或因手续上的需要,就需要写便条。常见的便条有请假条、留言条、托人办事条等。

2. 便条的格式与写法

便条虽简短,但其格式与一般书信一样。请假条一般还要居中写明文种。

二、单据

1. 单据的性质和种类

单据是单位或个人之间,在日常钱物交往中,为了手续清楚,便于日后查对而写的一种作为凭证的文书。常见的单据有借条、领条、收条、欠条等。

2. 单据的格式与写法

第一行居中写"借到"、"收到"、"领到"、"暂欠"等字样,以示单据的性质。还可在这些字样前加"今"或"现"字,表明时间。

第二行空两格写上对方姓名,接着写物件名称、数量和金额。如果是借钱、领钱,则应写清钱的用途、何时归还等。

落款写在单据的右下方,如果代表单位、部门借、领、收钱物的,则应写上单位或部门的名称和经手人姓名,写明日期。单位出具的单据应加盖公章。

3. 单据写作的注意事项

① 单据涉及的数字要大写,如:壹、贰、叁……,数字前不能留空白,后面写上数量单位,如:"元"、"本"、"千克"等。

② 钱物的数目字后面一般还要写上"整"字,表示写全,并加句号,以防别人涂改。金额如果已经写到"分",则后面不需再写"整"字。

③ 单据一般不能涂改,如需涂改,则应在改动处加盖公章或私章,以示负责。

④ 具名应亲笔签署,重要条据应盖章。

⑤ 字迹要工整,用毛笔、钢笔或水笔书写,不要用圆珠笔,因为圆珠笔的字迹日久会模糊。

技能拓展

① 你晚上临时被同学约出去吃饭,请给妈妈写一张留言条。

② 根据以下内容写一张借条:教室里有一张椅子损坏了,劳动委员王新准备修理,于是向学校总务科借了一把锯子、一把锤子。借用日期为 12 月 20 日,用好后第二天归还。

③ 在"星光计划"技能大赛中,你获得了某个项目的个人全能一等奖,市教委给你颁发了 1000 元奖金,请你写一张领条。

相关链接

借条与欠条的区别

欠条是由于债务人应当向债权人履行债务时,因其自身原因不能按时偿还而向债权人出具的债权凭证。如:

欠条

王力从赵平处赊买手机一部,欠人民币叁仟元整,准于二〇一四年六月底归还。

王力
二〇一四年五月八日

借条是借、贷双方在设立权利义务关系时,由债务人向债权人出具的债权凭证,其内容基本上具有借贷合同的几个要素,它是由债权人实施将自己的钱物借给债务人的行为所引起的。如:

> **借条**
>
> 今借赵平人民币叁仟元整,准于二〇一四年六月底归还。
>
> 王力
二〇一四年五月八日

两者的区别在于:

第一,借条证明借款关系,欠条证明欠款关系。借款肯定是欠款,但欠款则不一定是借款。

第二,借条形成的原因是特定的借贷事实。欠条形成的原因很多,可以基于多种事实而产生,如:因买卖产生的欠款,因劳务产生的欠款,因企业承包产生的欠款,因损害赔偿产生的欠款,等等。

第三,人民法院进行合法性审查时适用的法律不同。

第四,在未注明偿还日期的情况下,二者的诉讼时效的起始时间是不同的。约定了还款期的借条和欠条,时效是一样的;没有约定还款期的借条和欠条,其时效则是有区别的。

生活中,很多人对借条与欠条的法律含义缺乏应有的认识,致使在出具条据时误将借条写成欠条或将欠条写成借条的情况时有发生。因此,在要求借款人或欠款人打条时,一定要写明是欠条还是借条,在条上还要注明借款人、欠款人、借款时间、借款金额(金额大写)、还款时间,将签字、按指纹、盖章等基本项目准备齐全。

汉字大写数字

壹 贰 叁 肆 伍 陆 柒 捌 玖 拾 佰 仟

任务四 启事、海报

 教学目标

1. 知识目标
① 了解启事、海报的概念和适用范围；
② 掌握启事、海报写作的基本格式。
2. 能力目标
能够熟练拟写各类启事和海报，内容表述清楚，语言得体。
3. 情感目标
通过学写启事和海报，培养发现问题和解决问题的能力。

任务情境

英国人迈克夫妇带着 5 岁的女儿杰妮到中国旅游。2015 年 5 月 2 日下午来到嘉定古城游览，被优美景色所吸引，然而女儿不幸走失。在派出所的帮助下，需要张贴寻人启事，以便尽快找到人。杰妮的信息是：5 岁，身高 1.2 米，金黄色头发，淡蓝色眼睛，性格活泼，讲英语，不会讲汉语，走失时身穿白色 T 恤和蓝色牛仔短裤，脚上穿白色帆布鞋。

请你代写这份寻人启事。

任务分析

寻人启事通常由标题、正文、落款三部分组成。
1. 标题
写在首行正中，多由事由和文种名称构成，如："寻人启事"、"寻物启事"、"征文启事"等。
2. 正文
从第二行空两格写起。写明两层意思：一是陈述需要公众知道的事情；二是请求公众帮助。常用"此启"、"特此启事"等语句作为结尾。
3. 落款
落款包括具名和日期两部分。
① 具名一般写在正文的右下方。如果单位名称在标题中出现，则不需再写。
② 日期一般写在具名下方，应写全年、月、日。

练一练

请根据任务情境的要求,完成这则寻人启事的拟写。

相关知识

一、启事、海报的概念

启事是单位或个人向公众说明或希望公众协助办理某事的一种公开性文书。启事常张贴在公共场所,或登载在报刊上,或通过电视台、电台播出。

海报是人们日常生活中极为常见的一种招贴形式,是主办单位向公众报道举行文化、娱乐、体育等活动的一种事务文书。海报具有张贴性、宣传性和灵活性的特点。

二、启事的种类

启事的种类很多,根据启事事项的不同,可以分为:寻找、征招、告知、声明四大类。

1. 寻找类启事

寻找类启事是为了求得公众的响应和协助。这类启事具体有寻人启事、寻物启事、招领启事等。

2. 征招类启事

征招类启事是为了求得公众的配合与协作。这类启事具体有招生、招考、招聘启事,征文、征订、征集设计启事等。

3. 告知类启事

告知类启事是为了开展工作和业务,把某些事项公诸于众,以便让公众知晓。这类启事具体有开业启事、迁址启事、变更启事、婚庆启事等。

4. 声明类启事

声明类启事是为了完成法律程序，把某些事项经声明公开、登报后，声明对其引起的事端不再承担法律责任。这类启事具体有遗失启事、更正启事和其他声明启事等。

三、海报的格式要求

海报的基本结构包括标题、正文、结尾、落款四部分，以及整体创意和美术设计。海报的美术设计讲究新颖独特，形式灵活多样。

1. 标题

海报的标题相当关键，这是海报的主题和内容的焦点。其写法较多，大致有以下三种形式：

① 由文种名称单独构成，即在第一行正中用稍大字体写上"海报"字样作标题。
② 由活动的内容作标题，如："舞讯"、"影讯"、"球讯"等。
③ 用描述性的文字作标题，如："穿越人海——张杰演唱会"。

2. 正文

正文部分因海报的种类不同而写法不同。可以有这样两项内容：

① 必备内容。明确活动的名称、种类，如：电影、报告、比赛等；简要交代活动的具体情况，如：比赛的是什么球队，演出的是什么剧种，报告会的内容和报告人，展览的主题和内容，等等。
② 辅助内容。交代举行活动的时间、地点、票价等。时间、地点要写得明白具体，准确清楚，切忌只写出大致范围。

3. 结尾

海报可以有结束语，在正文之后另起一行，书写"欢迎参加"、"机不可失"等内容，也可不写。

4. 落款

在正文末尾的右下方写明举办单位的名称和海报的张贴日期。

 技能拓展

① 你们班为迎新年，决定举办迎新晚会。请发挥创意，设计一份海报。
② 工商学院学生张海于 2015 年 9 月 10 日下午在男生 1 号楼寝室走廊捡到上衣一件，请代张海拟写一则招领启事，以供在校内张贴，希望遗失者前来认领。

相关链接

海报这种文体的特殊形式，决定了海报的整体创意必须在一瞬间给人们留下强烈的印象，这就要求海报的内容要一目了然，既重宣传，又重美感。

海报的内容必须真实、具体，写清有关活动的内容、规模、时间、地点，有些甚至还要加上注意事项，以免引起误会。

海报要及时张贴在能够引人注意的公共场所。

> 标题： **围棋比赛**
>
> 正文： 黑白玄妙无尽　一方天地纵横
> 　　　 文秘专业　袁胜 VS 会计专业　陆轩
> 　　　 棋逢对手　　扣人心弦
>
> 时间：××××年 3 月 20 日 15 时
> 地点：学校体育馆
>
> 落款：　　××学校学生会体育部
> 　　　　　××××年 3 月 16 日

评点：
这则海报的设计清晰、美观、大方,活动的时间、地点、内容交代得清清楚楚。

任务五　计划、总结

教学目标

1. **知识目标**
① 了解计划、总结的文种常识；
② 理解、掌握计划、总结的格式与写法。
2. **能力目标**
能够熟练拟写计划、总结。
3. **情感目标**
通过学习计划、总结，培养严谨、规范的写作习惯。

任务情境

① 某学校09031班班委在新学期开学之际打算拟订一份班级学年活动计划，旨在提高班级的整体学习水平，提升同学们的综合素质，丰富班级的课余生活，增强凝聚力。

请根据你们班级的实际情况，拟写一份班级学年活动计划。

② 小张是××市××学校的学生会主席。两个月后，小张作为第五届学生会主席的任期届满，将进行改选。小张需在改选大会上就本届学生会两年来的工作进行总结汇报。

请据此拟写一篇第五届学生会工作总结。要求实事求是，客观公正，材料翔实，条理清楚，重点突出，详略得当，标题及行文格式符合要求。

任务分析

计划、总结的结构一般由标题、正文、落款三个部分组成。

1. 标题

标题一般由单位名称、时限、内容和文种四项要素组成。如：《红星厂2015年生产计划》、《上海市2010—2019年经济发展十年规划》、《××县2014年扶贫工作总结》。也可省略时限或单位，如：《××大学关于纪念"五一"活动的打算》、《2015年学生会工作要点》、《2014年宣传工作总结》、《××厂技术改造工作总结》。

总结的标题还有新闻式，即类似新闻通讯的标题，有单式和双式两种写法：

① 单式即用一句话或一两个短语概括总结的主题或提出总结要回答的问题。如：《深化改革、扩大开放、积极引进外资》。

② 双式即采用正副双标题,正标题突出中心,概括总结的主题或要回答的问题,副标题说明单位、时间、内容和名称(也可以有所省略)。如:《转变观念,搞活市场——××县发展私营经济工作总结》。这种标题常用于专题性总结。

2. 正文

计划和总结的正文一般都由前言、主体和结尾三部分构成。

(1) 计划的正文

① 前言。一般是简要说明制订计划的根据,即回答"为什么做"的问题。前言还包括计划的总任务、工作情况的分析、承上启下过渡等。这些内容可酌情取舍。

② 主体。用来表述计划的具体内容,是计划写作的重点,要写得周到明白,简洁有条理。正规计划的主体包括"三要素":即目标、措施和步骤。

目标就是目的要求,即根据开头部分的需要和可能、目的和条件确定任务和目标。

步骤是指达到目标要分几步走,先做什么,后做什么,什么时间该做什么,达到什么程度等。也就是落实计划的时间要求和程序安排。

措施,即用什么办法、采取什么措施来完成任务,达到计划确定的目标。这是完成任务的保证,关系到计划能否实现。

③ 结尾。结尾部分应根据行文的需要而定:仅对内部使用和日常事务性的计划,主体内容写完即可结束,不必再加结尾部分;重要的、需要下发的计划,一般应有结尾部分。

常见的结尾方式有三种:一是突出重点,在结尾部分指出计划全局中的重点任务与实施过程中的主要环节;二是强调有关注意事项,阐明在计划中可能出现的问题,预先提出防范措施;三是提出号召,鼓舞士气。

(2) 总结的正文

① 导言。即正文的开头部分,简要介绍所总结工作的根据、背景、时间、内容等,有的还对主要成绩和经验作出概括,以取得开门见山的效果。

② 主体。比较典型的主体内容应当包括基本情况、主要经验、存在的问题、今后如何改正等。有些专题性的经验总结或问题总结,应从实际出发,侧重于经验或教训,不必面面俱到。主体的结构通常有分条式、小标题式、贯通式和阶段式。

③ 结尾。一般要概括全文,提出今后的努力方向,并展望前景、表明决心,以增强信心、鼓舞斗志。根据实际需要,有些总结也可以不写结语。

3. 落款

在正文的右下方署上制订计划或总结的单位名称和完成的日期。标题中已有机关名称的,这里可以不署名。

请根据任务情境的要求,分别完成计划和总结的拟写。

相关知识

一、计划、总结的概念

计划是各机关、团体、企事业单位或个人对将要进行的工作和活动所作的设计与谋划,并将其撰写成书面材料。常见的规划、纲要、要点、方案、意见、工作安排、设想、打算等,都属于计划类文书。

总结就是对已经做过的工作进行回顾、检查、分析、研究,从中找出经验教训,并把它条理化、系统化,得出规律性的认识,以备考查和指导今后工作的一种应用性文书。总结类文书最常用的名称是总结,有时还称为小结、回顾、体会、经验等。

二、计划、总结的作用

1. 计划的作用

① 计划是建立正常工作秩序、提高工作效率的重要前提;
② 计划是督促检查工作的重要根据;
③ 计划是任务得以完成的保证;
④ 计划的制定有利于信息的反馈,以便于及时进行调整。

2. 总结的作用

① 通过总结可以全面、系统地了解以往工作的情况,从中看到成绩,发现问题,增强信心,防止自满;
② 通过总结可以从过去的工作实践中寻找出规律性的东西,吸取成功的经验,记住失败的教训,从而在以后的工作中可以把握和遵循这些规律,使工作顺利进行,不犯或少犯错误,不走或少走弯路;

③ 通过总结可以推广、传播和交流先进经验，从而推动单位的工作，提高工作人员和领导的工作能力和水平。

三、计划、总结的特点

1. 计划的特点

（1）前瞻性

订计划应以国家的法律政策为指导，以上级的指示为依据，做调查研究，走群众路线。但是制订计划的最终目的还是为了发展，要有预见，要看得广、看得远，要有充分的超前意识。

（2）明确性

计划中的任务能否顺利完成，常常取决于措施步骤是否恰当有力。因此，计划的目的、任务、指标、要求等一定要写得具体明确，执行计划的措施、步骤更要明确切实。措施应该包括人力的组织动员、分工职责等。

（3）可行性

在制订指标、任务时，要从实际出发、量力而行。这里所说的可行性，应该包含着积极的因素，要体现一定的先进性。定指标是一个关键性的问题，定得过高，通过努力还完不成，会挫伤大家的积极性；定得过低，不需费力就可以完成，就无法激发大家的积极性。因此，制订计划一定要从实际出发，使之切实可行。

2. 总结的特点

（1）回顾性

总结是对已经过去的一个时期的工作、学习或活动的开展情况进行回顾的应用文书。它肯定成绩，将成功的经验加以提炼，归纳出带有普遍性的规律；对不足之处进行理性的分析，以便今后吸取教训，采取新的措施加以改进。

（2）真实性

写总结应坚持实事求是的原则，对取得的成绩、成功的经验不要夸大其词，人为地拔高；对存在的问题也不能隐瞒或轻描淡写地一笔带过。只有客观真实地进行总结，才能达到总结的真正目的，发挥出总结应有的作用。总结所列举的事例和数据都必须完全可靠，准确无误，任何夸大、缩小、随意杜撰、歪曲事实的做法都会使总结失去其应有的价值。

（3）平实性

总结以概括性叙述为主要表达方式，并辅之以适当的议论。它不必把事情的经过写得完整而详细，更不必进行细节描写，只要用平实的语言去概述"做了哪些"、"做得怎样"就可以了。总结不必引经据典、反复论证，只需靠实实在在的事例和数据统计去证明观点。它不追求华丽的词藻，而要求语言平实、准确。

四、计划、总结的分类

1. 计划的分类

计划的种类有多种划分方法,常见的分类方法有以下几种:

① 按性质划分,有综合性计划和专题性计划。

② 按内容划分,有工作计划、生产计划、军事计划、教学计划、科研计划、学习计划等。

③ 按时限划分,有周计划、旬计划、月份计划、年度计划、跨年度计划等;也可以将它们归并为短期计划、中期计划、长期计划等。

④ 按效力划分,有指令性计划、指导性计划等。

⑤ 按范围划分,有国家计划、地区计划、部门计划、单位计划、班组计划、个人计划等。

⑥ 按形式划分,有条文式计划、表格式计划、条文与表格相结合式计划等。

⑦ 按名称划分,有规划、计划、方案、要点、安排、意见、设想、打算等。

2. 总结的分类

总结的种类划分与计划类似,主要有以下几种划分方法:

① 按性质划分,有综合性总结和专题性总结。

综合性总结是指对本地区、本部门、本单位一段时间内各方面工作所做的全面总结,所以又称全面总结,如:《××厂2010年工作总结》。它的内容包括情况介绍、成绩和经验、缺点和教训、今后努力方向等。

专题性总结,又叫经验总结,是对某一方面的工作经验进行单项总结,如:《××厂销售工作总结》。它的内容针对性比较强,而且偏重于总结经验,要求有一定的思想深度,要概括出规律性的东西。

② 按内容划分,有工作总结、生产总结、学习总结等。

③ 按时间划分,有多年总结、年度总结、季度总结、月份总结等。

④ 按范围划分,有个人总结、班组总结、单位(部门)总结、地区性总结、全国性总结等。

 技能拓展

① 阅读以下计划,指出存在的问题,并予以修改。

××班本学期学习雷锋活动计划设想

为了搞好本学期的学雷锋活动,特制订如下计划:

一、把学雷锋活动和专业学习紧密结合起来,要求每个同学认真学好各门功课,不得无故缺、旷课。

二、把学雷锋活动和精神文明建设紧密结合起来,要求每个同学搞好个人和教室卫生,遵守校纪,尊敬教师,同学间不吵嘴打架。

三、邀请校内外雷锋式先进人物作报告。

四、第四周结合学校安排的值周工作,多做好人好事。

五、第十周结合期中考试,学习雷锋的学习精神,好好学习,争取考出好成绩。

六、第十三周至放假,以雷锋精神对照自己,找出差距,总结经验,宣传典型。

七、大力提倡岗位学雷锋,真正将雷锋精神融入到日常学习、生活中去。

××班
××××年×月×日

② 指出以下总结中存在的问题,并予以修改。

2013学年我的个人总结

炎日当空,天上没有一丝云彩,火辣辣的太阳简直叫人不敢出门,空中没有一点风,只有知了在树上不停地叫着,好像在说:"放假啦,放假啦。"又一学年过去了,我应该利用暑假对这一学年的学习情况做一些总结,以迎接新学年的到来。

在这一学年里,我学习了成本会计、管理会计、审计原理、经济法、计算机应用、外贸会计、大学英语、应用文写作、体育、职业道德、概率论等课程。其中,成本会计82分,管理会计86分,审计原理77分,经济法89分,计算机应用90分,外贸会计90分,大学英语72分,应用文写作68分,体育是中,职业道德是优,概率论是中。总的来说,成绩还是可以的,在班上属中等水平。其中,计算机应用和外贸会计成绩好些,而大学英语、概率论和应用文写作差些。下一学期,我要继续努力,争取取得更好的成绩,最好都在80分以上,这样就可以获得奖学金,减轻家庭的经济负担了,更可以在择业时增加自己的实力。

文秘一(1)班×××

相关链接

计划的格式

常见的计划格式有条款式、表格式,也有兼备这两种格式的综合式。

1. 条款式

即把计划分成若干条款或部分,通过文字叙述,逐一阐明计划的内容。大型计划一般要分章、节、目来写;中、小型计划常用序码和小标题来划分层次。条款式是目前国家机关常用的计划格式。

下面是《××市园林局公园建设及管理工作计划》正文部分的条款:

一、公园建设的目标和任务(略)

(一)公园建设规划的总目标是……(略)

(二)公园建设规划的具体目标是……(略)

二、实施"绿水绿树"绿色管理计划,实现管理达到国际一流水平(略)

三、加强公园设施建设,服务水平达到国际一流(略)

四、实现"绿色奥运"公园发展计划的保障措施

(一)拓宽资金渠道,实行公园建设发展多元化投资(略)

(二)尽快出台我市公园条例,完善公园管理法规体系(略)

(三)坚持文化建园的方针,提高公园科学管理水平(略)

2. 表格式

即用表格来表达计划内容。表内栏目通常包括任务、执行部门、完成时间、具体措施等方面内容。这种格式适用于时间较短、内容较单一的具体计划。

3. 综合式

这种格式综合了上面两种形式,既有文字叙述,又有表格。有的以文字叙述为主,附加表格;有的以表格为主,加以文字说明。

使用的时候,具体采用哪种格式,主要是根据实际情况来决定的。不管采用哪种格式,一般都包含做什么(任务和要求)、怎么做(方法和措施)、什么时候做完(进程和顺序)三部分内容。纯表格式的计划较为简单,让人一目了然,但往往缺少步骤、措施等具体的说明,所以一般只用于销售之类的工作计划。

任务六　简报

🎯 教学目标

1. 知识目标
① 了解简报的概念、特点、作用及类型；
② 掌握简报的具体写作格式与方法。
2. 能力目标
能够熟练拟写简报，提高写作能力。
3. 情感目标
通过学习简报，培养精炼、高效的工作作风。

📢 任务情境

请根据下面的材料，拟写一份简报。

为丰富学生的课余生活，××学校组织学生进行了为期两个月的"校园文化节"活动，在文化节活动中开展了校园歌曲演唱大赛、摄影大赛、时政知识大赛、篮球比赛等形式多样的活动，请编写一份有关××学校校园文化节活动开展情况的简报。

❓ 任务分析

简报一般由报头、报核、报尾三部分组成。

1. 报头

报头一般占首页三分之一的上方版面，用间隔红线与报核部分隔开。报头部分包括简报名称、期号、密级、编号、编发单位和印发日期等。

① 简报名称：在简报首页上方的正中处，醒目地写上简报的名称，如："××简报"，一般用套红印刷的大号字体。

② 期号：位置在简报名称的正下方，一般按年度依次排列期号，可外加括号，如："（第×期）"；有的还可以标出累计的总期号，如："第×期（总第×期）"。

③ 密级：有些简报根据需要，还应标明密级，如："内部参阅"、"秘密"、"机密"、"绝密"等，位置在简报名称的左上方。

④ 编号：位于报头右上方，只有保密性简报才用编号，一般简报不用编号。

⑤ 编发单位：应标明全称，位置在期号的左下方，如："××市××局办公室编"。

⑥ 印发日期：以领导签发日期为准，应标明具体的年、月、日，位置在期号的右下方。

2. 报核

报头以下、报尾以上的两条间隔线之间的部分就是报核，刊载一篇或几篇文章。编排原则是：第一，各篇文章要围绕一个中心，从不同角度反映某一个问题；第二，最突出中心的文章要排在前头；第三，每篇文章疏密间隔要恰当，标题字大小要一样。

简报的文章一般带有新闻性质。它的写法没有固定的格式，跟一般的新闻稿一样，包括按语、标题、导语、主体、背景、结尾六部分。

（1）按语

按语是简报的编者针对简报的内容所写的说明性文字或评论性文字。一般写在标题之前，并在开头处写上"编者按"、"按语"、"按"等字样。转发式简报一般要加编者按语，其他重要简报也要加编者按语。

简报的按语分两类：一种是说明性按语，它常常是对简报的内容、作用和现实意义等作一些说明。这类按语一般文字很短，有时就一句话，如：

编者按：根据中央领导同志的意见，现将中国人民银行关于东南亚金融风暴的报告摘登如下，供各单位参阅。

另一种是批示性按语。它常常是针对一些有典型意义的事件和反映当前工作中存在的问题作出评论，表达领导机关的看法、意见或对下级的要求。

（2）标题

标题必须醒目，以引起读者的兴趣。要准确、形象地点明文章的核心内容，"直言其事"、"明显其意"。一般有两种形式：

一种是单行式标题。高度概括简报的主要内容，让人一看就能领会全文的主旨，如：《加快房改步伐，提高居住水平》。

另一种是双行式标题。在会议简报中，如果只写一个会议的概况，往往采用双标题，正标题揭示会议的主题，副标题补充说明会议的名称。

（3）导语

导语是简报的开头部分，通常用简明的一句话或一段话概括全文的主旨或主要内容，引导读者阅读全文。导语写作总的要求是"开门见山"，一开始就切入基本事实或核心问题，给读者一个总的印象。

导语的写法多种多样，有叙述式、结论式、提问式等。

① 叙述式：直接把要反映的事件的时间、地点、人物、原因、结果写出来，使读者一目了然。
② 结论式：先写出事情的结果或因此而得出的结论，然后再作具体说明，或得出结论的理由。
③ 提问式：即提出几个重要问题，引起读者的注意，然后再在主体部分做出具体回答。

（4）主体

主体是正文的中心部分，是简报最主要的部分，因此应写得翔实、充分、有力。

主体部分常用的写法主要有以下几种：

一是按时间顺序写,即按照事件发生、发展和结束的自然顺序来写,这种写法比较适合报道一个完整的事件,称之为新闻式写法;

二是按空间变换的顺序写,这种写法适用于报告一件事情的多个场面,或者围绕一个中心,综合报道几个方面的情况;

三是归纳分类表述,把所有的材料归纳成几个部分、几条经验、几种倾向或几种做法,分别标上序号或小标题,逐一写出;

四是夹叙夹议法,就是边叙述情况,边议论评说,这种方法适用于具有倾向性的问题简报;

五是对比法,即在对比中展开叙述,既可以作纵横对比,也可以作好坏、正反的对比等等。

(5) 背景

即背景材料,是交代所报道事件的客观条件和历史联系。它可以单独成段,也可以穿插在导语、主体和结尾的各个部分,最常见的是穿插在导语部分。

(6) 结尾

简报的结尾有两种:

一种是把主体部分的情况、事实叙述完后,干净利落地结束全文。

另一种是用一句话或一段话收束全文。收束全文的句子,或用来总括全文的内容,或提出今后的打算。对于未完事件或连续性事件,常用"事情正在处理中",或"事情发展情况将随时见报"等语句结尾,以加强简报的连续性。

3. 报尾

报尾在简报末页的下方,也用横线与报核隔开,在报尾左方写清发送范围,右方写清印发的份数。

练一练

请根据任务情境的要求,完成简报的拟写。

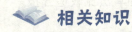 **相关知识**

一、简报的概念

简报是政府机关、企事业单位、社会团体内部用来反映情况、汇报工作、交流经验、沟通信息、加强联系的一种事务性文书。

二、简报的特点

1. 简明性

简报的篇幅通常比较短小，因此内容力求简明，行文平实，不需作艺术描述和理论阐述，只将"是什么，怎么样"写明即可。

2. 真实性

简报中所反映的材料必须真实、可靠，对事物的分析解释，必须坚持实事求是的科学态度，符合实际，材料、数据要仔细核实。

3. 新鲜性

简报是报道新情况、新经验的一种文书，内容要有较大的参考价值。

4. 及时性

简报要写得快、印得快、发得快，重要的情况要一日一报，甚至可以一日数报，以便更好地发挥简报的作用，使有关人员根据情况及时地处理问题、制定政策。

三、简报的作用

1. 反映情况

通过简报，可以将工作进展情况以及工作中出现的新情况、新问题、新经验及时反映给各级决策机关，使决策机关了解下情，为决策机关制定政策、指导工作提供参考。

2. 交流经验

简报体现了领导机关一定的指导能力，通过组织交流，可以提供情况、借鉴经验、吸取教训，这样对工作有指导和推动作用。

3. 传播信息

简报本身是一种信息载体，可以使各级机关及从事行政工作的人互相了解情况，吸收经验、学习先进、改进工作。

四、简报的分类

简报的形式多样、内容繁多。按内容分，可分成情况简报、动态简报、会议简报、典型经验简报；按编写方法分，可分成综合性简报和专题性简报；按刊出期限分，可分成定期与不定期简报。

常用的简报有以下三种：

1. **情况简报**

情况简报也叫工作简报，主要用于反映工作中的动态和一般工作进展情况。一般有两种常见的形式：

① 综合性情况简报，即在明确的主题贯穿下，综合反映工作情况和问题，既有广度，又有深度，不是有闻必录，而是抓住主要问题，反映最有价值的情况。

② 专题性简报，主要是将某一项专门工作的动态、进展、问题向主管部门反映或向有关部门、下属单位作通报，借以传播信息，推动工作。

2. **动态简报**

动态简报是一种迅速及时、简明扼要地反映新近发生的事情、情况的文体形式。这种简报内容新、反映快、动态性和时效性强。动态简报一般有以下两种常见的形式：

① 工作动态简报，主要反映本系统、本部门内部工作的正反两方面的新情况和新动向。

② 思想动态简报，主要反映公众对政府重大方针、政策的反应和认识，社会上的某种思潮或思想倾向，各行各业各阶层的思想情况等。这类简报多见于单位编发的"内部参考"，一般都具有内部参考和保密性质，其流通、阅读范围有较严格的限定。

3. **会议简报**

会议简报主要是及时报道会议的概况、会上交流的情况、经验、研究的问题，反映会议形成的决议和基本精神。一般会议简报以报道会议内容为主，既可以综合报道会议各阶段的情况，又可以摘登大会发言或小组讨论发言。在编发发言摘要时，要力求准确、全面、如实地反映出发言者的基本观点和思想倾向，并且尽量送交发言人或大会秘书处有关负责人审阅后再编发。

技能拓展

根据你所在班级的期末复习情况，以班委会的名义，拟写一份简报。

要求：严格按照简报的格式要求完成；语言精练，条理清楚。

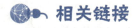

范文：

××简报

第二期（总第××期）

××××厂主办　　　　　　　　　　　　　　　　　　　　20××年3月20日

提高素质　优化结构　我厂调整一批中层领导干部

为适应企业转换经营机制和工厂承包经营形势，推动工厂产品发展再上新台阶，春节前后，我厂对中层领导干部进行了调整。共免去7名中层干部的领导职务；8名党政中层领导由副职提为正职;2名中层干部被任命为厂长助理;还选拔了7名年轻干部担任中层领导职务,他们平均年龄37.7岁,文化程度平均在中专以上。这次中层以上干部调整的特点是:

1. 一批老干部退居二线,但不"一刀切"。目前,工厂正处于艰苦创业时期,虽然新的形势给工厂经济好转带来了机遇,但工厂面临着更多的困难:资金严重不足;企业严重亏损;企业走向市场,产品开发任务艰巨;领导工作的难度更大。为使中层干部队伍更好地适应形势,肩负起开发新品的重任,工厂安排一部分年龄较大的干部退出领导岗位,同时选拔了一批年富力强的中青年干部充实干部队伍。个别老同志干劲大,积极性高,工作岗位又确实需要,因此仍留在领导岗位上。

2. 重实绩。一批年轻干部被大胆起用,有的走上了重要领导岗位。承包后的各单位被工厂推上了市场,要想在市场竞争中取得显著效益,就需要那些精力充沛、头脑清醒、思想解放、敢闯敢干有能力的同志做带头人。这次新提拔和副职提正职的干部,就具有这些特点。他们在过去一年的工作中做出了突出的成绩,受到厂领导和职工群众的公认,工厂注意发现人才并给这些同志提供发挥才干的机会,给他们表演的舞台,放手让他们在工作中为工厂做出贡献。

3. 大胆尝试,逐步增加党政担子一肩挑的干部。加快经济发展的新形势要求企业政工干部必须熟悉生产经营,生产经营中的思想政治工作也需要由党、政干部共同去做好,党、政干部都应成为生产经营和思想政治工作的内行。党政担子一肩挑,有利于企业领导干部真正成为"内行",有利于企业生产经营和思想政治工作的开展,促进工厂经济发展。这次干部调整,有16名中层领导干部挑起了党政两副担子。

经过这次干部调整,我厂中层领导干部的结构渐趋合理,整体素质得到进一步提高,从而为我厂的经济发展提供有力的组织保证。

(人事部供稿)

上报:(略)

抄送:(略)

评析:

这是一篇企业人事动态简报。正文前言表述目的,概括叙说"春节前后,我厂对中层干部进行了调整",简述了中层干部的任免情况,接着用"这次中层以上干部调整的特点是……",导出主体内容。主体内容为"特点"的展开。

这篇简报文字简洁,表述也清楚,已算是一篇不错的简报了,但细究起来,结构还不太合理,还可作这样的调整:将前言第二句话独立成段,并冠上小标题"一、中层干部任免数量较大";以"二、中层干部调整的特点"为原文第二、三、四段的小标题。

任务七　会议记录

🎯 教学目标

1. 知识目标
① 了解会议记录的概念、特点、作用及类型；
② 掌握会议记录的写作技巧及写作格式。
2. 能力目标
能够熟练进行会议记录，提高写作能力。
3. 情感目标
通过学习会议记录，培养认真负责、及时高效的工作作风。

📢 任务情境

请根据以下材料拟写一份会议记录。

一年一度的教师节即将到来，为了更好地了解一线教师的思想动态，帮助他们潜心教育教学工作，学校领导准备召开部分教师座谈会。

❓ 任务分析

会议记录一般由标题、正文、尾部三部分组成。

1. 标题

由开会单位、会议名称（或会议内容）和记录三部分组成。如：《××公司产品营销会议记录》、《××公司第八次股东大会记录》。

2. 正文

会议记录的正文分会议组织情况和会议进行情况两部分。

（1）会议组织情况

会议组织情况包括时间、地点、出席人、缺席人、列席人、主持人、记录人、议题共八项。每项内容均应详细记录，条理清楚。具体要求如下：

① 会议时间。要写清会议进行的年份、日期，必要时精确到分钟。如：2014年6月14日9:00—11:30。

② 会议地点。要写清会议室名称。如：××学校×号楼103会议室。

③ 会议出席人姓名。重要会议应由出席者亲笔签到，如果出席对象来自不同单位，应设

置签名簿,请出席者签署姓名、单位、职务等;一般会议由记录员记录出席人姓名;如果是群众性大会,只要记参加的对象和总人数,以及出席会议的较重要的领导即可。

④ 缺席人姓名和缺席原因。如:"李×因公出差"。

⑤ 列席人及其职位。可由列席人亲笔签到,也可由记录员填写。

⑥ 主持人。一般直书姓名,若主持人有职衔,一般写在姓名前。

⑦ 记录人姓名。应签名以示负责,有几个记录员就签几个姓名。

⑧ 议题。议题是会议讨论或解决的问题,在议题不止一项时,应分条列项写。

（2）会议进行情况

会议进行情况是会议记录的主体,包括主持人的开场白、大会主题报告、讨论发言、决议四项内容。应按会议的进程或顺序记录会议进行情况,先写报告人和发言人的姓名,然后再记录发言内容。其中应该突出的重点有:

① 会议中心议题以及围绕中心议题展开的有关活动;

② 会议讨论、争论的焦点及各方的主要见解;

③ 权威人士或代表人物的言论;

④ 会议开始时的定调性言论和结束前的总结性言论;

⑤ 会议已议决的或议而未决的事项;

⑥ 对会议产生较大影响的其他言论或活动。

3. 尾部

会议记录的尾部包括两项内容:

① 结束语。会议进行情况已记录完毕,应另起一行空两格写上"散会",以示记录结束。

② 署名。由主持人和记录人对记录进行认真校核后,分别签上姓名,以示对此负责。

> **练一练**
>
> 请根据任务情境的要求,完成会议记录的拟写。

相关知识

一、会议记录的概念

会议记录是由会议组织者指定专人,如实、准确地记录会议的组织情况和会议内容而形成的一种书面材料。

二、会议记录的特点

1. 同步性

从记录的过程看,大多数会议记录是由记录员随开会过程作同步记录的。

2. 实录性

会议记录要坚持"怎么讲就怎么记"的原则,不允许在记录中加入记录者个人的观点或倾向,更不能随意删改发言者的言论。为保证记录的实录性,要力求把话听准确、记完整。听不准或有疑问处应及时核准。

3. 规范性

尽管会议记录自身并不成文,但作为事务文书,也具有一定规范性。其规范性主要表现在:一是使用单位统一的记录专用笺;二是要求按统一的格式记录;三是使用规范的记录符号。会议记录要求字迹不潦草,使他人也能够辨认,尽可能使用缩略符号或用规范的速记方法记录。

三、会议记录的作用

1. 依据作用

会议记录忠实地记录了会议的全貌,包括会议精神、会议形成的决定和决议、会议对重大问题作出的安排。如果在会议后期需要形成文件,要以会议记录为依据;如果不形成文件,与会者在会后传达贯彻的会议精神和决定是否准确,也要以会议记录为依据进行检验。

2. 素材作用

会议进行过程中连续编发的会议简报,以及会议后期制作的会议纪要,都要以会议记录为重要素材。会议简报和会议纪要可以对会议记录进行一定的综合、提要,但不得对会议记录所确认的内容进行歪曲和篡改。可以说,会议记录是形成会议简报和会议纪要的基础。

3. 备忘作用

会议记录可以作为会议情况和会议内容的原始凭证。时过境迁,有关会议的内容和情况可能无法在记忆中复现了,甚至当时作出的重要决定可能也记不清了,这时就不妨查查会议记录。会议记录还可以成为一个部门和单位的历史资料,若干年后,通过大量会议记录可以了解这个单位的历史进程和发展情况。

四、会议记录的分类

1. 按照会议性质来分

会议记录大致有办公会议记录、专题会议记录、联席(协调)会议记录、座谈会议记录等。

① 办公会议记录是记述机关或企业、事业单位等对重要的、综合性工作进行讨论、研究、议决等的一种会议记录。办公会议记录一般有例行办公会议记录,即记述例行办公会议情况及其议决事项的会议记录,以及现场办公会议记录,即为解决某重大问题而召集有关方面和有关单位在现场研究、议决或协商的办公会议记录。

② 专题会议记录是专门记述座谈会讨论、研究的情况与成果的一种会议记录。其主要特点是主题的集中性与观点意见的分呈性相结合,既要归纳比较集中、统一的认识,又要将各种不同观点和倾向性意见都归纳表达出来。

2. 按照内容的详略程度来分

会议记录一般有详细会议记录和摘要会议记录两种。

① 详细会议记录。即对会议的全过程、会上每个人发言的原话和语态声调等作详细的记录。要求一字不漏,有言必录。

② 摘要会议记录。不必做到有言必录,只要将发言人有关会议议题的讲话要点、重要数据和材料记录下来。要求择要而记,概括记录会议主要内容和精神即可。

技能拓展

你所在的班级要召开一次主题班会,请你作一份会议记录。

相关链接

会议记录写作技巧

一般说来,会议记录的写作技巧有四条:一快、二要、三省、四代。

1. 快

即记得快。字要写得小一些、轻一点,多写连笔字。要顺着肘、手的自然去势,斜一点写。

2. 要

即择要而记。就记录一次会议来说,要围绕会议议题、会议主持人和主要领导同志发言的中心思想,与会者的不同意见或有争议的问题、结论性意见、决定或决议等作记录。就记录一个人的发言来说,要记其发言要点、主要论据和结论,论证过程可以不记。就记一句话来说,要记这句话的中心词,修饰语一般可以不记。要注意上下句的连贯性,一篇好的记录应当独立成篇。

3. 省

即在记录中正确使用省略法,使用简称、简化词语和统称。省略词语和句子中的附加成分,比如"但是"只记"但";省略较长的成语、俗语、熟悉的词组;句子的后半部分,画一曲线代替;省略引文,记下起止句或起止词即可,会后查补。

4. 代

即用较为简便的写法代替复杂的写法。可用姓代替全名;可用笔画少、易写的同音字代替笔画多、难写的字;可用一些数字和国际上通用的符号代替文字;可用汉语拼音代替生词难字;可用外语符号代替某些词汇;等等。但在整理和印发会议记录时,均应按规范要求撰写。

任务八 意向书、协议书

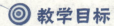 教学目标

1. 知识目标
① 了解意向书与协议书的含义；
② 掌握意向书与协议书的写作方法；
③ 了解意向书与协议书之间的区别。
2. 能力目标
能够熟练拟写意向书和协议书。
3. 情感目标
通过学习意向书和协议书，培养学生实事求是的工作作风。

任务情境

① 广州××公司与深圳××公司拟合作经营××项目，经初步洽谈，该项目拟投资100万元人民币，广州××公司出资40%，深圳××公司出资60%，合营企业名称为"××五金塑料制品厂"，厂址设在广州开发区×号。产品80%由深圳××公司负责销售，广州××公司负责立项、生产及解决生产场地，深圳××公司提供技术、设备、信息。合作期限为5年。请你根据上述情况拟写一份意向书。

② 中国广州××公司与法国××公司经充分协商，愿在平等互利的基础上，合作经营丝绸服装。中国广州××公司负责提供稳定生产工厂，为法国××公司生产丝绸服装。中国广州××公司在广州××路×号新建一间服装厂，生产法国××公司所需要的以真丝为面料的绣花衬衣等，其产量初步定为每年40～45万件。法国××公司提供价值××万美元的生产丝绸服装的专用设备和附属设备，设备名称、价格由法国××公司在签订协议后一个月内提供给中国广州××公司确认。法国××公司的来料加工业务，其价格、规格、交货期等均应签订合同，价格按双方签约时的出口价格为准。法国××公司应派出经验丰富的管理人员和技术人员来位于广州市的厂房进行技术辅导，帮助工厂提高质量和产量，法国××公司人员来广州市的所需费用，由法国××公司负担。请根据上述情况拟写一份协议书。

任务分析

一、意向书的结构

意向书的结构一般由标题、正文、落款三部分组成。

1. 标题

意向书的标题在首行居中的位置,可以直接标上"意向书",也可采用公文标题《关于……的意向书》,将事由在标题中概括出来,使人对合作项目一目了然。

2. 正文

意向书正文一般由导语、主体、结尾三部分组成。

① 导语写明合作单位的全称及合作项目、双方接触的简要情况、磋商后达成的意向性意见。末尾处用"本着××原则,……达成意向如下"引出下文。

② 主体是意向书的写作重点,一般是写明合作各方经初步商谈之后各方认可的事项,多采用条文式,分别列明达成的意向性意见,如:投资总额以及各方出资的数额、合作企业的名称及地址、主要产品的名称和销售方向、合作期限、产品价格及原材料的来源等。

③ 结尾对意向书文本作说明,如:使用何种文字、份数、存放在何处等内容,并且注明"未尽事宜,在签订正式合同或协议书时再予以补充"一语,以便留有余地。

3. 落款

落款是签署部分,署上意向书签订各方单位的名称、代表人姓名并加盖公章、私章及日期(日期应年、月、日俱全),以示意向书成立。签署既可采用上下格式,即甲方在上,乙方在下;也可采用左右格式,即甲方在左,乙方在右。

例文:

意向书

中国广州××厂(以下称甲方),香港××机械公司(以下称乙方)关于在中国广州以合作经营模式,合办钟表机械和专机生产制造公司的意向如下:

一、甲乙双方愿意按《中外合作经营企业法》办成中外合作企业,约定投资总额800万人民币,折合美金129.4万美元。乙方出资300万人民币,乙方出资占总额37.5%。

二、合作企业名称是广州市××(有限)公司,合作企业地址在中国广州市郊××厂内,并在广州市内、香港两地分别设立销售部、技术服务部。

三、合作企业的主导产品是由甲方生产乙方所需的各类钟表机械及专机,产品95%以上由乙方出口销售。

四、乙方负责向合作企业提供必需的先进设备、市场信息、产品样机图纸等;甲方负责立项、组织生产及解决生产场地等。

五、甲、乙双方合作期限为10年。期满后,经双方协商可继续合作经营。

六、有关产品价格由甲、乙双方协商议定。

七、合作企业产品所需原材料、配套件，根据出口市场需要，由乙方进口或由甲方在国内解决。

甲方：广州××厂	乙方：香港××机械（有限）公司 WANS INDUSTRY CO.
代表：×××	代表：×××
年　月　日	年　月　日

二、协议书的结构

协议书一般由标题、开头、主体和末尾组成。

1. 标题

协议的标题一般标明协议的内容和性质，一般由事由和文种构成，如：《合作开发××××的协议书》。也有的标题只用"协议书"三字标明文种。

2. 开头

开头要写明协议双方单位的名称。为了行文方便，在一方后面用括号注明"甲方"，在另一方后面用括号注明"乙方"。如协议的单位有三个，则在第三方单位后面用括号注明"丙方"。为方便联系起见，有时还可写上双方办公的详细地址和电话号码。在结尾处常用"经双方充分协商，达成如下协议"引出下文。

3. 主体

主体一般叙述经双方协商之后所达成的一致意见，可采用条款式来写。如：可将下文分成"合作方式"、"投资偿还和利润分配"、"设计和施工"、"组织机构"、"双方责任"、"仲裁"、"其他事项"等条款来写。

4. 末尾

协议由于是具有信用性、凭证性的文书，因此必须在正文下面署上双方单位的全称，并签上单位代表人的姓名。在署名下面，要写明达成协议的日期（年、月、日）。

例文：

商务合作协议书

甲方：
法定代表人：
住址：
邮编：
联系电话：
乙方：
法定代表人：
住址：

邮编：

联系电话：

甲、乙双方本着平等自愿、互惠互利原则，就结成长期商务合作关系，经友好协商达成以下协议：

一、合作期限

本协议有效期为伍年。自　年　月　日起到　年　月　日止。

二、合作内容

甲方权利义务：

1. 向乙方推荐合适的客户或项目。

2. 协助乙方促成与客户签约。

3. 如甲方自身还未与客户签约，则乙方的合作进程听从甲方安排。

4. 甲方向乙方推荐的客户与乙方直接签约，甲方不负有任何责任。

乙方权利义务：

1. 向甲方推荐合适的客户或项目。

2. 协助甲方促成与客户签约。

3. 为甲方推荐的客户提供最好的服务以及最优的价格。

4. 乙方同意以约定的结算时间和方式进行结算。

三、合作条件

1. 甲方向乙方或乙方向甲方推荐的客户成功与之签约，即视为推荐成功。

2. 成功推荐项目后，被推荐方向推荐方支付该项目实际营业额的2%作为奖励。

3. 付款方式：自被推荐方首次收到客户服务费的第二个月开始支付，每月结算一次，每月5日前支付。推荐方则提供对应的正式发票。

四、违约责任

1. 合作双方在业务实施过程中，如因一方原因造成客户方商业信誉或客户关系受到损害的，另一方可立即单方面解除合作关系。同时，已经实现、尚未结束的业务中应该支付的相关费用，受损方可不再支付，致损方则还应继续履行支付义务。

2. 双方在分配利润时，如任何一方对利润分配的基数、方式有异议的，可聘请会计师事务所进行审计。

五、补充变更

本协议在执行过程中，双方认为需要补充、变更的，可订立补充协议。补充协议具有同等法律效力。补充协议与本协议不一致的，以补充协议为准。

六、协议终止

1. 甲、乙任何一方如提前终止协议，需提前一个月通知另一方。

2. 本协议期满时，双方应优先考虑与对方续约合作。

七、争议处理

如发生争议，双方应积极协商解决。协商不成的，受损方可向广州市人民法院提起诉讼。

八、本协议经双方盖章后生效。本协议一式两份,甲、乙双方各执一份,具有同等法律效力。

甲方:　　　　　　　　　　　　　　　乙方:
代表签字:　　　　　　　　　　　　　代表签字:
日期:　　年　　月　　日　　　　　　日期:　　年　　月　　日
盖章:　　　　　　　　　　　　　　　盖章:

练一练

① 请根据任务情境①的内容,完成意向书的拟写。

② 请根据任务情境②的内容,完成协议书的拟写。

 **相关知识**

一、意向书、协议书的含义

1. 意向书

意向书是在经济活动和其他事务中,双方就某个合作项目或某笔交易进行初步接触,在未进行实质性的谈判之前,取得一致意见后签订的互相遵守的书面文书。它只是表示有意愿谈判某个项目或某笔交易的初步意向,是双方对合作或交易如何实现的初步想法,内容比较粗略,对合作或贸易的具体细节还来不及详细了解和考虑,因而不可能写得那么具体。

2. 协议书

协议书是企业之间为了解决或预防经济纠纷,确立某种法律关系,或实现一定的共同利益、愿望,经进一步谈判、协商,将达成的一致意见写成条文的契约性文书。因为在签订协议时双方对合作的诸多问题考虑得还不甚全面和周到,因此以签订协议为宜。协议经公证部门公证之后,可以取得法律效力。在合同订立以后,经过一段时间如需进行补充、修订、解除合同或延长合同的有效期等,都可以用协议书的形式签订补充协议。

二、意向书与协议书的区别

1. 写作目的不同

意向书的写作目的是当事人双方或多方之间,在对某项事物正式达成协议之前,表明基本态度或提出初步设想、意向,具有协商和备忘的性质,为进一步签订协议奠定基础,是双方进行实质性谈判的依据,是协议书的先导,多用于经济技术的合作领域。

而订立协议书的目的是为了更好地从制度上乃至法律上,把当事人各方协议所承担的责任固定下来,它能够明确彼此的权利与义务,对当事人双方(或多方)都具有制约性,能监督双方信守诺言,约束轻率反悔行为。

2. 使用范围不同

意向书的使用范围较广,主要应用在国内生产建设、发展经济、繁荣科学文化艺术事业等方面,现在在国际交往中也经常使用,国家与国家之间、地区与地区之间、单位与单位之间、企业与企业之间为加强协作,在初步商讨后表达合作意愿和目的,订立意向书,双方继续努力,进一步进入实质性谈判,然后签订协议。

协议书的适用范围最为广泛,机关、企事业单位、群众团体之间,可以就经济、文教、卫生或技术协作关系等问题,订立协议书,国际间的经济贸易、技术协作、文化交流以及政治、军事、外交等领域,都可以订立协议书。

3. 内容要求不同

意向书仅是初步设想,内容比较粗略,语言高度概括,具体细节、详细方案还有待进一步会谈讨论。意向书多用条款式表述,概括出几条原则性意见,规定下一步怎么做,何时达成协议或签订合同。

协议书的内容比意向书更具体，往往是共同协商的原则性意见，并且有违约责任一项，但不及合同具体细微。

4. 性质作用不同

意向书的主要作用是传达"意向"，提请各方注意或供参考，可以约束当事人的行动，保证各方的利益。它促进洽谈的事务朝着健康有利的方向发展，有的意向书对今后工作的程序作了安排，对商谈的双方各自承担的义务作了规定，能督促签约者履行义务，实现共同的意愿。意向书适应了现代社会生活的需要。市场经济竞争激烈，当事人既不愿丧失良机，又不敢贸然签下合同，就可先签订意向书，待商讨成熟后再签合同，比较稳妥。

协议书将双方或多方经过洽谈商定的有关事项记载下来，作为检查信用的凭证，互相监督、牵制，以保证合作的正常进行。一经订立，对签订各方具有约束作用。依法订立的协议书受法律保护，具有法律效力，违约的一方要负责任，赔偿因自己的违约给对方造成的损失。

5. 有效期不同

意向书是阶段性的产物，在初步接触以后到协议签订的这一段时间内起作用，一旦签署了协议，意向书就完成了它的历史使命，因此它有临时性、短期性的特点。

协议书的有效时间一般较长，有的甚至是永久性的。

6. 语言运用不同

意向书的内容具有协商性，双方或多方的地位是平等的，单位不分大小，地区不分内外，友好协商。因此多用商量的语气，不带任何强制性，有时还用假设、询问的语气，有趋向性特点，常用"希望"、"拟"、"将"、"予以合作"等，其表述具有概括性。

协议书条款比较多，内容全面，表述清晰，条款之间逻辑严密，主次轻重比较鲜明。协议书应用在国际关系上，文辞表述注重分寸，庄重严肃；书写规范，具体完备，便于执行；每一种提法都仔细推敲，认真对待，不容粗枝大叶，如有疏漏会导致严重的后果。

 技能拓展

① 仔细阅读以下材料，拟写一份意向书。

台湾××雨伞制造有限公司与福建××制伞厂于2014年1月10日在福建商谈后决定在台湾开办合资公司，公司暂定名称为"××雨伞有限公司"。双方同意资本为××万元人民币，可用现金、设备、实物（包括厂房）等进行投资。实物作价的原则为设备按同类产品的国际市场价，由公证行对原公司的设备、物资以及厂房估价，双方友好协商解决。产品销售以台湾本地销售为主，如出口到其他国家和地区应以不冲击福建××制伞厂现有的销售网点为原则，合营公司应在出口前征求福建××制伞厂的意见。合营公司的投资争取在四年内收回，具体方案由董事会根据公司盈利情况讨论决定。同时为了维护合营公司的利益，台湾××雨伞制造有限公司不再以任何名义在台湾、香港经营同类产品的生产和销售，福建××制伞厂也不再在该地段设厂生产同类产品。关于参股比例、人事安排，双方同意福建××制伞厂到台湾后共同商讨。

② 李××是××职业学校电子商务专业的学生，在毕业之际，他应聘到××公司工作，请

你代他写一份就业协议书。

相关链接

一、意向书的类型

意向书的具体类别较多,但就合作各方所享有的权益与承担的义务来看,可以分为两大类:

一是具有"双方契约"和"有偿合同"性质的意向书;

二是具有"单方契约"和"无偿合同"性质的意向书。

二、协议书的种类

根据内容分,可分为:建房协议书、生产协作协议书、工程协议书、技术转让协议书、调解协议书等。

根据性质分,可分为:确立某种经济关系的协议书、确立长期法律民事关系的协议书等。

模块三　社交礼仪应用文写作

内容简介

礼仪应用文是指人们在各种公务社交场合中用以表达礼节和情感、格式相对固定的专用文书。它能够传递信息、联络感情，调整、改善、协调彼此之间的关系，很好地体现组织文化，具有实用性、礼仪性、规范性等特点。

任务一　欢迎词、欢送词

🎯 教学目标

> 1. **知识目标**
> ① 明确欢迎词、欢送词的含义、用途和特点；
> ② 掌握欢迎词、欢送词的结构内容和写法。
> 2. **能力目标**
> 能够熟练撰写欢迎词、欢送词。
> 3. **情感目标**
> 通过学习欢迎词、欢送词，培养在社交场合的综合实践能力。

🚩 任务情境

华光职业技术学校和城建中等专业学校开展校际交流学习活动。假如你是华光职业技术学校的一名学生，在第一次的见面会上，要向城建中等专业学校的同学和老师致欢迎词。

请拟写该欢迎词。

❓ 任务分析

欢迎词、欢送词的行文格式基本相同，一般由标题、称谓、正文和祝语四部分构成。

1. 标题

在文稿首行居中写上"欢迎词"或"欢送词"，有时也可写《××××的欢迎词》或《×××在为××举行的宴会上的答谢词》。

2. 称谓

欢迎词、欢送词的称谓有专称和泛称两种。专称要写明宾客的姓名，前面加上职务、头衔和表示尊敬、亲切的词语；泛称有"女士们、先生们"、"同志们"、"朋友们"等等，用以表示对所有到场者的尊重。

3. 正文

这是欢迎词、欢送词的主体。正文要针对致词的对象，将自己最想表达的情感写出来，多表示诚挚友好的欢迎或祝贺之情，或表示友好的欢送或答谢之意。

欢迎词通常简要回顾双方以往的友好往来、传统友谊及其影响、意义，赞扬对方为此做出的努力，对双方关系的进一步发展提出良好的祝愿；或回顾工作中取得的成绩与特别值得记忆的友谊,提出与对方继续合作的意愿。

欢送词一般是对客人来访期间所取得的成就,包括为双方的友好交往或经济合作做出的贡献表示肯定和祝贺,说明这次来访的意义及将要产生的影响。

4. 祝语

欢迎词一般应写上再次对客人表示欢迎的话,如:"祝愿访问(或会议)圆满成功"、"祝愿我们的友好往来、经济合作日益扩大"、"祝大家身体健康"等;欢送词一般写上"祝××先生一路平安"或"希望××先生再次光临"等礼节性用语。

请根据任务情境的要求,完成欢迎词的拟写。

___

相关知识

一、欢迎词、欢送词的概念

欢迎词是在迎接宾客到来的仪式上,主人对宾客或会议代表的到来表示热烈欢迎的讲话稿。

欢送词是在送别宾客的仪式上,主人对宾客的离去表示热情欢送的讲话稿。

二、欢迎词、欢送词的特点

两种礼仪文书的主要特点是:
① 感情真挚,语言文雅大方,如是国际间的迎送往来还应使用适当的外交辞令;
② 内容精要,篇幅简短,一般不涉及具体的细节问题,重在表示热情友好的交往态度。

三、欢迎词、欢送词写作的注意事项

① 要热情而有礼貌,体现出真情实感。
② 要善于巧妙地表达自己的原则立场。
③ 要尊重对方的风俗习惯、宗教信仰等,不讲对方忌讳的内容。
④ 语言要精练、明快,语气要热情、友好,篇幅要简短适当。

技能拓展

① 根据下面提供的材料,拟写一份欢送词。
×××实习老师即将完成实习教学,请拟写一份欢送词,代表班级欢送××老师。
② 请找出下面这则欢迎词中的错误并改正。

迎宾欢迎词

女士们、先生们:

　　早上好! 东方的一抹晨曦象征着新的一天的开始,伴着清爽的晨风,沐浴着雨露和晨光,踏着优美动听的乐曲,你们来到了金都商厦。一日之计在于晨,谢谢您把这一天中最美好的时刻留在这里,我们金都商厦的全体员工为您的厚爱和支持表示衷心的感谢和热烈的欢迎!

　　无论是昨天、今天还是明天;无论您是商厦的老朋友,还是初次相识;不管你是我生命中匆匆的过客,还是驻足光顾的购物者,只要您走进金都的大门,您就是我们的上帝。这里的购物环境为您设置,这里的服务为您提供,我们的理想就是使您乘兴而来,满意而归。

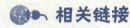

范文一:

欢迎词

女士们、先生们、朋友们:

　　值此×××厂30周年厂庆之际,请允许我代表×××厂,并以我个人的名义,向远道而来的朋友们表示热烈的欢迎!

　　朋友们不顾路途遥远,专程前来贺喜并洽谈贸易合作事宜,为我厂30周年厂庆增添了一份热烈与祥和。我由衷地感到高兴,并对朋友们为增进双方友好关系所作的努力,表示诚挚的谢意!

　　今天在座的各位朋友中,有许多是我们的老朋友,我们之间有着良好的合作关系。

我厂建厂30年能取得今天的成绩,离不开老朋友们的真诚合作和大力支持。对此,我们表示由衷的钦佩和感谢。同时,我们也为能有幸结识来自全国各地的新朋友感到十分高兴。在此,我谨再次向新朋友们表示热烈欢迎,并希望能与大家密切协作,发展相互间的友好合作关系。

"有朋自远方来,不亦乐乎。"在此新朋老友相会之际,我提议:为今后我们之间的进一步合作,为我们之间日益增进的友谊,为朋友们的健康幸福,干杯!

评析:这篇欢迎词开头部分对宾客的光临表示热烈的欢迎。主体部分对大家的到来表示谢意,并回顾与老朋友们相互交往的历程,阐明新朋友们来访的意义及合作前景,结尾表示美好祝愿。全文主旨明确,语言精要礼貌。

范文二:

欢送词

尊敬的女士们、先生们:

首先,我代表×××,对你们访问的圆满成功表示热烈的祝贺。

两天来,我们本着平等互利的原则,经过认真协商,签订了《××协议》,为双方今后的合作和发展打下了良好的基础。明天,你们就要离开××了,在即将分别的时刻,我们依依不舍。大家相处的时间是短暂的,但我们之间的友好情谊是长久的。我们之间的合作才刚刚开始,中国有句古语:"来日方长,后会有期。"希望我们加强合作,不断往来,欢迎各位女士、先生在方便的时候再次来××做客,相信我们的友好合作会结出丰硕果实!

祝大家一路顺风,万事如意!

评析:这篇欢送词先表示祝贺之意,再介绍来访取得的主要成果,说明分别时的心情,表达美好愿望,最后再表心愿。

任务二　开幕词、闭幕词

教学目标

1. 知识目标
① 了解开幕词、闭幕词的概念及特点；
② 掌握开幕词、闭幕词的写作格式和方法。
2. 能力目标
能熟练撰写开幕词、闭幕词。
3. 情感目标
通过学习开幕词、闭幕词，培养在社交场合的综合实践能力。

任务情境

为了迎接全国推广普通话活动，学校将举行"弘扬母语，诵读经典"学生古典诗文朗诵比赛。请你以学校学生会主席的身份，为比赛大会拟写开幕词。

任务分析

开幕词、闭幕词一般由标题、称谓、正文三部分组成。开幕词应写上主办单位和日期。

1. 标题

标题一般用于文稿散发或发表时，可直接写"开幕词"或"闭幕词"三个字，也可在前写上会议、活动的名称，如：《中国共产党第十二次全国代表大会开幕词》、《×××在禽流感防控大会上的闭幕词》。

2. 称谓

开头顶格写称谓，应根据会议或活动的性质和与会人的身份而定，如："女士们、先生们"、"各位来宾"、"朋友们"、"各位代表"、"各位同学"、"同学们"、"运动员同志们"等等。如有特邀嘉宾，可写作"尊敬的××先生，各位代表，朋友们"等，并用冒号引出下文。

3. 正文

正文包括开头、主体和结束语三部分。

（1）开幕词

A. 开头部分　宣布大会或活动开幕，介绍与会者的有关情况，向与会者表示欢迎与感谢，或对会议或活动的召开表示祝贺。

B. 主体部分　　这是开幕词的核心部分,包括以下三项内容:

① 阐明会议或活动的意义,通过对以往工作情况的概括总结和对当前形势的分析,说明会议或活动是在什么形势下,为了解决什么问题和达到什么目的召开或举行的。

② 阐明会议或活动的指导思想,提出大会或活动的任务,说明会议或活动的主要议程和安排。

③ 为保证会议或活动顺利举行,向与会者提出会议的要求和希望,概括说明,点到为止;行文要明快、流畅,评议要坚定有力,充满热情,富于鼓舞力量。

C. 结束语　　一般另起一段写,要简短、有力,有号召性和鼓动性。一般都是"预祝大会圆满成功"等祝愿性语言。

(2) 闭幕词

A. 开头　　宣布会议或活动即将闭幕之类的话——会议或活动已经完成预定任务,现在就要闭幕了。

B. 主体　　对大会或活动进行概括总结和评价——概述会议或活动的进行情况、恰当地评价会议或活动的收获、意义及影响,核心部分要写明会议或活动通过的主要事项和基本精神、会议或活动的重要性和深远意义,向与会人员提出贯彻会议或活动精神的基本要求等。一般来说,这几方面的内容都不能少,顺序也是基本不变的。写作时要掌握会议情况,有针对性地对会议内容予以阐述和肯定。同时,可以对会议未能展开却已认识到的重要问题作出适当强调或补充。行文要热情洋溢,语言要简洁有力,起到激发斗志、增强信念的作用。

C. 结尾　　对有关单位及服务人员表示感谢。以坚定的语气发出号召,提出希望,表示祝愿;并要与开幕词前后呼应、首尾衔接,显示大会或活动举办得很圆满、很成功。用以宣布会议或活动结束的结束语,通常只有一句话:"现在,我宣布,××大会(活动)闭幕。"

练一练

请根据任务情境的要求,完成开幕词的拟写。

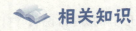 **相关知识**

一、开幕词、闭幕词的概念

开幕词是各级党政机关、社会团体、企事业单位在会议或活动开始时,由主持人或主要领导人向大会所作的重要讲话。

闭幕词通常要对会议或活动作出正确的评估和总结,充分肯定会议或活动所取得的成果,强调会议或活动的主要精神和深远影响,激励有关人员宣传会议或活动的精神实质和贯彻落实有关的决议或倡议,对贯彻会议或活动的精神提出要求和希望。

二、开幕词、闭幕词的特点

1. 开幕词的特点

① 宣告性。在开幕词中正式宣告会议或活动开幕,营造一种隆重的气氛。如果这是具有历史意义的会议或活动,那么其历史意义就是从这一宣告开始产生的,因而这种开幕词必将随着会议或活动的一系列重要文件一起载入史册。

② 提示性。在开幕词中明确交代会议或活动的议题,扼要说明会议或活动的议程、原则,交代会议或活动的主要精神,起到点题的作用,使与会者心中有数。

③ 指导性。在开幕词中阐明会议或活动宗旨,提出会议或活动任务,说明会议或活动目的、指导思想和重要意义,这对开好会议或活动将起到重要的指导作用。

除此之外,开幕词一般要求简洁明了、短小精悍,最忌长篇累牍、言不及义。行文中多使用祈使句,表示祝贺和希望。语言应该通俗、明快、上口。

2. 闭幕词的特点

① 总结性。闭幕词是在会议或活动的闭幕式上使用的文种,要对会议或活动的内容、精神和进程进行简要的总结并作出恰当评价,肯定会议或活动的重要成果,强调会议或活动的主要意义和深远影响。

② 概括性。闭幕词应对会议或活动的进展情况、完成的议题、取得的成果、提出的精神及意义等进行高度的语言概括。因此,闭幕词的篇幅一般都较简短,语言简洁明快。

③ 号召性。为激励参加会议或活动的全体成员实现会议提出的各项任务而奋斗,增强与会人员贯彻会议或活动精神的决心和信心,闭幕词的行文应充满热情,语言坚定有力,富有号召性和鼓动性。

④ 口语化。闭幕词要适合口头表达,语言要求通俗易懂、生动活泼。

 技能拓展

根据以下材料拟写一份闭幕词。

学校举行的"弘扬母语,诵读经典"学生古典诗文朗诵比赛圆满结束。请你以学校校长的身份,拟写在授奖大会上致的闭幕词。

相关链接

范文一:

投资贸易洽谈会开幕词

各位来宾,女士们、先生们、朋友们:

上午好!

在这春意融融的美好时节,第九届东西部合作与投资贸易洽谈会隆重开幕了。在此,我谨代表西洽会组委会和中共省委、省人民政府,向莅临大会的国内外嘉宾,国家有关部委、各省区市代表,向港澳台同胞及各界朋友,表示热烈的欢迎!

本届西洽会,以科学发展观为指导,紧密围绕"东中西部互动,促进协调发展"的主题,组织多种所有制企业以投资洽谈为重点,举办丰富多彩的投资促进活动。大会的核心是互动发展,以互动求互补,以互补求共赢,以共赢求合作,推动东中西部经济协调发展。

第九届西洽会的支持单位是商务部、信息产业部、国防科工委;主办单位共27家,包括中国贸促会、国家工商总局,24个省区市人民政府和新疆生产建设兵团;协办单位共9家。本届西洽会由陕西省人民政府和中国贸促会承办。由中国贸促会、中国外商投资企业协会、陕西省人民政府共同举办的第四届中国西部吸收外商投资洽谈会也同期举行。

实施西部大开发,振兴东北地区等老工业基地,促进中部地区崛起,鼓励东部地区加快发展,是党中央、国务院从全面建设小康社会和加快现代化建设全局出发,做出的重大战略部署。东中西部合作有着巨大的发展潜力和无限商机,有着广阔的发展前景。我衷心地希望与会的广大企业和客商能加强交流,扩大合作,共创美好未来。

女士们、先生们、朋友们,让我们预祝第九届中国东西部合作与投资贸易洽谈会取得圆满成功!

谢谢大家!

范文二:

2008年春季运动会闭幕词

各位老师、同学们:

经过大家的共同努力,我们圆满完成了各项比赛任务,就要闭幕了,在此我代表大会主席团,向辛勤工作的裁判员和全体工作人员表示衷心的感谢!向取得优异成绩的班级和运动员表示最诚挚的祝贺!

本届运动会由于指挥得力,安排周密,准备充分,通力合作,使大会进展顺利,有条不紊,始终洋溢着隆重热烈的气氛。通过本次运动会,振奋了精神,增进了团结,加深了友谊，增强了班集体的凝聚力。

　　老师们、同学们，让我们把本次运动会中焕发出来的勇于竞争、顽强拼搏、团结协作、顾全大局的精神，投入到日常的学习和工作中去，为把日照港中学建成一流的现代化的育人基地而不懈努力。

　　现在我宣布：日照港中学2008年春季运动会胜利闭幕！

任务三　请柬、邀请信

 教学目标

1. 知识目标
① 了解什么是请柬与邀请信；
② 掌握请柬与邀请信的特点和写作方法；
③ 了解请柬与邀请信之间的区别。
2. 能力目标
能够熟练拟写合乎规格的请柬和邀请书。
3. 情感目标
通过学习请柬和邀请信，理解礼仪在日常交往中的作用。

任务情境

① 请为某校校庆拟写一份请柬。
② 广州市商贸协会于 2014 年 6 月 10 日给我校的杨校长发了一份请柬，邀请他在 6 月 16 日早上 9:00—11:00 参加在广州宾馆三楼会议室举行的商业座谈会。
③ 请为某群众团体拟写一份年会邀请信。

任务分析

一、请柬的结构

请柬通常由标题、称谓、正文、敬语和落款组成。

1. 标题

请柬的标题通常单独由文种名称构成，即"请柬"，而且一般都做些艺术加工，如：采用名家书法、字面烫金或加以图案装饰等。

2. 称谓

顶格书写被邀请的单位、组织名称或个人姓名。为了表示尊敬，在姓名后面可以加上职位或尊称，如："××教授"、"××先生"、"××小姐"等。

3. 正文

另起一行，前空两格，写明活动内容和举办活动的具体地点和时间以及其他应知的事项。

如遇上特殊活动可说明宗旨,必要时附上主要议题,以便被邀请者做好准备。

4. 敬语

一般以"恭请(敬请)光临"、"恭请莅临指导"、"此致敬礼"作结。"此致"另起行,前空两格,再另起行,顶格写"敬礼"。

5. 落款

署上邀请者姓名或单位、组织名称和发出请柬的日期。

例文一 (结婚请柬):

```
敬邀:_____
    我俩谨定于公历    年   月   日
              农历    年   月   日
              星期    18时0分
                    举办婚典喜宴
席设:
恭请光临
    热切期盼您暨家人共享这份喜悦,您暨家人的到来将会给我们的婚礼增添无限光彩!
                                    新郎:
                                    新娘:
```

例文二 (会议请柬):

```
                    请   柬

×部长:
    兹定于6月10日15:00,在图书馆报告厅举行海滨学院第十届大学生校园文化艺术节道德模范事迹报告会,诚挚邀请您届时光临。
                              大学生校园文化艺术节组委会
                                     二〇一四年六月一日
```

二、邀请信的结构

邀请信由标题、称谓、正文、落款四部分组成。

1. 标题

有两种写法,一种是单独以文种名称构成的,即"邀请信",字要比正文的字大一些,必要时可加花边,以示喜庆;另一种是由发文事项和发文文种构成的,如:"关于××市地理学术研讨会的邀请信"、"××会议邀请信"。

2. 称谓

在标题下第二行,顶格写上被邀请人的姓名和称谓,如:"××同志"、"××先生"、"××教授"、"××经理";有时可使用泛称,如:"各位专家领导",以示尊敬。对一些不便直接指明请某同志参加的会议,称谓可写单位名称。

3. 正文

包括前言和事项两部分,前言要简明扼要,只说明在什么时间、什么地点召开什么会议,邀请对方参加就可以了。事项部分则要分项列出,大项可分小项,每项交代一件事情。

正文最后往往写上"此致敬礼"、"敬请光临"等礼节性问候语或恭敬语。

4. 落款

邀请单位的名称写在正文最后一行的右下方,单位名称下一行写上邀请时间(年、月、日),然后加盖公章。

例文一 （礼仪邀请信）：

邀请函

尊敬的_____

您好！_____单位将于_____年_____月_____日在_____地,举办_____活动,诚邀您的参加,谢谢！

××单位
2015 年 3 月 2 日

例文二 （授课邀请信）：

授课邀请函

尊敬的×××老师：

为进一步提高干部职工的工作素质,拓宽知识层面,增强履职能力。我校拟邀请您于 4 月 24 日上午 10 时为我司干部职工开展"干部职工如何应对突发事件"的专题讲座,时间约为 2 小时。

感谢您对干部培训工作的大力支持！

（联系人：×××,联系电话：×××××××××）

××公司
2015 年 4 月 10 日

模块三　社交礼仪应用文写作

练一练

① 请根据任务情境①、②的内容,完成请柬的拟写。

② 请根据任务情境③的内容,完成邀请信的拟写。

📖 相关知识

一、请柬、邀请信的含义

1. 请柬

请柬,也称请帖,是单位、团体或个人为邀请有关人员参加会议、庆典或某些重大活动时所使用的告知性、礼仪性的专用文书。

请柬是人们在社交和社会活动中最常用的文书之一,不同于一般信件和通知,有其特殊要求。请柬需单独设计制作,要用较厚的红纸,事先写好或印好,在封面写明"请柬"二字,一般要做艺术加工,如:图案装饰,文字用美术体、手写体,有条件时还可以烫金等。请柬一般不采用邮寄的方式,尤其是重大的喜庆社交活动,邀请的对象又是比较重要的人物,应派专人或主人亲自递送请柬,以示诚意。有时请柬也可作入场或报到的凭证。

2. 邀请信

邀请信又称为邀请书或邀请函,是邀请有关人士到自己的地方来或到约定的地方去参加某项活动的一种礼节性书信。一般用于邀请客人前来参加会议、洽谈业务、帮助指导工作等。

二、请柬和邀请信之间的区别

请柬和邀请信都是邀请有关人员参加某一活动的礼仪文书,是为了表示邀请者的礼貌而制作的,它们的区别如下。

1. 适用范围不同

请柬所涉及的一般为庆典、婚礼、开业等喜庆之事,而邀请信所涉及的活动均有一定的议项和议题,如:座谈会、学术谈论会等。

2. 主办者不同

请柬的使用除单位或团体外,个人也可以使用,而邀请信的制发者一般是单位或团体。

3. 内容不同

请柬的内容十分简练,只需在正文部分说明请客的原因、时间、地点,再加上敬语即可。而邀请书就较为复杂,它的正文部分要包括四方面的内容:向被邀请者表示问候;说明邀请对方参加活动内容和邀请的原因;说明活动时间及地点;请对方确认是否应邀。邀请信一般还附有回执。

4. 形式不同

请柬由于内容简练,经长期应用形成了固定的语言习惯。所以,通常使用的是印好的帖子,且特别注意外观的装饰性和艺术性,更具礼仪色彩。邀请信在外观形式上采用书信体形式,较朴实。

技能拓展

① 2015年3月1日上午10点精彩广告公司准备在迎宾路188号举行公司成立五周年庆典,请给合作公关公司的费经理发一封请柬。

② 方圆公司定于2015年2月18日举行公司揭幕仪式。请以张三总经理的名义邀请李四先生参加,并随信告知对方活动的具体安排。

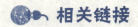 **相关链接**

一、请柬的类型

请柬按用途分,有会议类请柬,用于庆祝会、纪念会、座谈会、订货会等;有活动类请柬,用于庆典、仪式、宴请、联谊、商务、社团等活动。

请柬按形式分,可分为双柬帖与单柬帖两种,双柬即双帖,将一张纸折成两等份,对折后成长方形;单柬帖即单帖,用一张长方形纸做成。无论双帖、单帖,其书写或排版均有横排、竖排两种。

二、邀请信的类型

根据内容的不同,邀请信可以分为以下几类。

1. **纪念邀请信**

为了纪念某个重大节日,举行重大活动而发出的邀请对方前来参加活动的书信。

2. **会议邀请信**

邀请对方参加某个会议的书信。

3. **商务邀请信**

为了发展商务、交流洽谈而发出的邀请对方前来参加活动的书信。

模块四　职场应用文写作

内容简介

随着我国改革开放的进一步深化,职业学校毕业生的就业作为社会经济发展的一个重要环节,已经逐步实现在市场供求规律调节下供需双方的相互选择。在"双向选择"的过程中,大部分用人单位安排面试的依据是阅读有关反映毕业生情况的书面材料,对他们来说,这些书面材料就是判断和评价毕业生的学习成绩、工作潜力的依据。

这些书面材料包括毕业生推荐表、简历、自荐书及各类证书、已发表的文章等等。因此,要迎接市场的挑战,首先应当写好职场应用文。

任务一　证明信、推荐信

教学目标

1. 知识目标
① 了解证明信、推荐信的概念、特点及类型；
② 了解证明信、推荐信的适用情况及注意事项；
③ 掌握证明信、推荐信的结构、格式与写法。
2. 能力目标
能够熟练拟写证明信、推荐信，提高写作能力。
3. 情感目标
通过学习证明信、推荐信，增加对于职场的认知，激发学习应用文的兴趣。

任务情境

① 李强是××职业学校营销专业的学生，毕业后他所在的××商贸公司决定对公司新人进行年终考评奖励，需要××职业学校提供一份关于李强在校期间的思想和学习情况证明，请你代拟一封证明信。

② ××旅行社正在招聘一批导游，××职业学校旅游管理专业毕业生王敏在校期间不仅思想积极进步，学习成绩也名列前茅，她所在班级的班主任陈老师特地为她向该旅行社写了一封推荐信，请你代为拟写。

任务分析

证明信、推荐信的结构一般由标题、称呼、正文、落款四部分组成。

1. 标题

（1）证明信的标题

通常有以下两种构成方式：
① 单独以文种名称作标题，即在第一行中间冠以"证明信"、"证明"字样。
② 由文种和事由共同构成，一般写在第一行中间。如：《关于×××同志××情况（或问题）的证明》。

（2）推荐信的标题

一般由文种名称构成，即在第一行正中写上"推荐信"三个字。

2. 称呼

（1）证明信的称呼

要在第二行顶格写上受文单位名称或受文个人的姓名、称呼，然后加冒号。

有些供有关人员外出活动证明身份的证明信因没有固定的受文者，因此开头可以不写受文者称呼，而是在正文前用公文引导词"兹"引出正文内容。

（2）推荐信的称呼

要在第二行顶格写上收信方领导的姓名和称呼或只写对方领导的职务，如："尊敬的××局局长"，然后加冒号。

如果推荐人同收推荐信的人是熟人或朋友，则可以用常见的私人信件一样的称呼，如："启明兄"，然后加冒号。

3. 正文

（1）证明信的正文

正文要在称呼写完后另起一行，空两格书写，写清楚需要被证明的事实。如证明的是某人的历史问题，则应写清人名、何时、何地及所经历的事情；若要证明某一事件的真实与否，则要写清参与者的姓名、身份，及其在此事件中的地位、作用和事件本身的前因后果。

正文写完后，要另起一行，空两格写上"特此证明"四个字。

（2）推荐信的正文

推荐信的正文由开头、主体和结尾三部分构成。

① 开头既可以先问候一下对方，略叙思念之情，也可以开门见山直说其事，这要视推荐人和对方的关系而定。假如推荐人和对方见面较多，关系也较为密切，就无须太多的客套话了。要在开头介绍自己（推荐人）的身份，以及自己同被推荐人之间的关系。同时说明写此信的意图。

② 主体是推荐信的展开部分，要针对用人单位的情况需要，介绍被推荐人的一些情况，如：学历学位、专业特长、外语水平、业务能力以及其他能力，以使对方能通过引荐信对被引荐人产生好感，从而达到推荐人才的目的。

③ 结尾再次表达自己希望能办成此事的愿望，恳请领导给予被推荐人工作或晋升机会，并向对方致以感激祝福之情。结尾处也可附上一些被推荐人业绩的有关材料。

4. 落款

证明信、推荐信的落款均为在正文右下方写上署名和成文日期。

① 证明信必须由证明单位或证明人加盖公章或签名、盖私章，否则证明信将是无效的。

② 有些推荐信可以注明自己的详细通讯地址，以备以后必要时的联系之用。

练一练

① 请根据任务情境①的要求,完成证明信的拟写。

_____
_____
_____
_____
_____
_____
_____

② 请根据任务情境②的要求,完成推荐信的拟写。

_____
_____
_____
_____
_____
_____
_____
_____
_____
_____
_____
_____

 相关知识

一、证明信、推荐信的概念

证明信是证明一个人的身份、经历或一件事情的真实情况时所写的专用书信。

推荐信是知情者向有关部门、单位推荐人员或物品,期望对方接受或采纳的信件。

二、证明信、推荐信的特点

1. 证明信

（1）凭证的作用

证明信的作用贵在证明，是持有者用以证明自己身份、经历或某事真实性的一种凭证。

（2）书信体的格式

证明信是一种专用书信，尽管有好几种形式，但它的写法同书信的写法基本一致，因此它大部分采用书信体的格式。

2. 推荐信

（1）举荐贤能

推荐信是向用人单位介绍、举荐自己或自己了解的优秀人才，能够使有才能的人可以为用人单位所用，为社会造福。

（2）公私兼顾

推荐信无论是以单位名义发文，向有关单位推荐人才，或是以个人名义向组织推荐或向个人推荐人才，这其中均有举荐人才、公私兼顾的特点。从某个角度来说，推荐信可以认为是一种私人之间的通信。凡是写推荐信的人均希望自己的举荐可以成功，得到承认。

三、证明信、推荐信的分类

1. 证明信

（1）以组织名义所发的证明信

这种证明信多数是证明某人曾在或正在该单位工作的证明信。它可以证明此人的身份、经历、职务，以及同该单位的所属关系等真实情况。这种材料的来源一般源于该单位的档案，或来自调查研究。

（2）以个人名义所发的证明信

这类证明信由个人书写，内容完全由个人负责。写这样的证明信，一定要严肃认真、仔细回忆，不得信笔由缰、马马虎虎。个人所写的证明信一般都以个人名义，采用书信体格式。

2. 推荐信

① 从推荐者的情况来分，可以分为"自荐信"和"推荐信"两种。

② 从推荐信的投发对象来分，可以分为目标明确的推荐信和广泛性的推荐信。

 技能拓展

① ××公司员工刘元于 2010 年 9 月 15 日在××电器城为公司采购了 10 台空调，共计 35000 元。但是刘元不慎遗失发票，请该电器城出具一份其购买空调的证明。请根据上述内容为该电器城拟写一封证明信。

② ××职业学校文秘专业学生李梅平时能歌善舞，曾经在市、县级歌唱舞蹈比赛中获得过荣誉，现任班级文艺委员。恰逢学校学生会文体部正在招募学生干部，李梅的班主任刘老师

给校团委书记写了一封推荐信。请你以刘老师的名义拟写这封推荐信。

相关链接

一、证明信、推荐信的适用情况

1. 证明信

证明信是证明某人身份、经历或事情真相的。一般由单位或熟悉情况的个人来写。具体来讲,证明信适用于下列情况:

① 某人要入党、入团,组织在进行调查时,原单位或有关人员要为其写出证明信。

② 有些真相模糊不清的历史事实或事件,由于被人歪曲,因此当时亲身经历的人写出证明以澄清事实。

③ 在公安机关寻求某些案件的目击者时,当时在场的群众写出证明信,以说明案发时的真实情况。

④ 个人在为单位办理某些事项,或个人由于具体情况而必须向单位作出解释说明时,也可以请有关人员出据证明。

2. 推荐信

一般来讲,推荐信主要适用于以下情况:

① 写推荐信的人是有地位、有身份的人,因为受人之托或其他原因而遇到了适合干某项工作的人才,故而向某用人单位进行推荐。这种情况下,写信人同该用人单位可以有某些联系,比如是该单位的上层领导,也可以同该单位毫无关系。

② 向熟人或朋友推荐人才。由于受人之托或者别的原因,而向自己的熟人或友人推荐某人前往工作或做某项事情。这种情况下,写信人往往靠自己同某单位或个人的良好关系而出面为别人牵线搭桥。

③ 推荐信也适用于个人直接向自己希望前往谋职的单位介绍自己的情况。这种推荐信称之为自荐信。自荐信的写作者同该单位可以毫无联系,也可以是该单位的职员。

二、写证明信、推荐信的注意事项

1. 证明信

① 以个人名义所发的证明信,要写明写证明信者本人的政治面貌、工作情况等,以便使审阅证明信的人了解证明人的情况,从而鉴别证明材料的真伪与可信程度。

② 个人所写的证明信的内容如果本人不太熟悉,应写"仅供参考"的提示性语言。因为证明信有时是作为结论性证据的,所以要实事求是、严肃认真、尽量言之有据。

③ 对于随身携带的证明信,一般要求在证明信的结尾注明有效时间、过期无效的期限。

④ 证明信的语言要十分准确,不可含糊其词。证明信不能用铅笔、红色笔书写,若有涂改,必须在涂改处加盖公章。

2. 推荐信

（1）尊重事实，客观推荐

写推荐信的人要本着对自己、对用人单位、对被推荐人负责的态度，客观、公正地向用人单位提供被推荐人的真实情况。自荐信所列的个人材料要真实、具体，既表现出自己胜任某项工作的信心，又要显得态度诚恳、谦虚。

（2）推荐信要短小精悍，礼节周全

介绍被推荐人时，不要面面俱到，只需把他具有能胜任某一方面的工作才能说清楚即可，所以推荐信的内容要详略得当。

推荐信里一般包含了请求的意思，写推荐信的人目的在于能推荐成功，所以语言要简洁明快、文明有礼，不可以命令、指示等口气讲话。

任务二　自荐信、辞职信

教学目标

1. 知识目标
① 了解自荐信、辞职信的概念及注意事项；
② 掌握自荐信、辞职信的写作格式、要求与方法。
2. 能力目标
能够熟练拟写自荐信、辞职信，提高写作能力。
3. 情感目标
通过学习自荐信、辞职信，增加对于职场的认知，激发学习应用文的兴趣。

任务情境

① ××旅行社因其服务理念先进、服务态度优秀、线路多样等诸多优势在业内享誉盛名。目前因旅行社业务不断扩大，需要招聘一批导游。××职业学校旅游管理专业毕业生王敏在校期间不仅思想积极要求进步，学习成绩也名列前茅，曾在市级、区级、校级等各级各类旅游服务大赛中得奖。即将毕业的她对于导游这份工作十分向往。请根据王敏的优势、特点和所给材料，代王敏拟写一封自荐信。

② 你是××公司的一名员工，工作两年后，你发现自己对工作出现了厌倦消极的情绪，觉得现在的工作、生活并不是自己所想追求的，故向公司提出辞职。请你拟写一封辞职信交给公司人力资源部。

任务分析

自荐信、辞职信的结构一般都由标题、称呼、正文、祝颂语、落款五部分组成。

1. 标题
自荐信、辞职信的标题写法基本相同。一般在正文正上方居中写"自荐信"、"辞职信"。

2. 称呼
自荐信、辞职信的称呼写法也基本相同。在标题下一行顶格书写，写上接受自荐信、辞职信的单位组织名称或单位领导人姓名称呼，后加冒号。出于礼貌，可以写成"尊敬的××公司"、"尊敬的总经理"等。

3. 正文

自荐信、辞职信的正文部分格式基本相同,均在称呼后另起一行空两格书写,由开头、主体、结尾三部分组成。但具体内容有差别。

(1) 自荐信的正文

① 开头:简明扼要地介绍自己,重点是介绍自己与应聘岗位有关的学历、经历、成就等,让招聘单位对你一开始就产生兴趣,并且说明用人消息的来源。

② 主体:这是自荐的核心部分,主要是向对方说明你的知识、经验和专业技能,要突出适合所求职业的特长和个性,不落俗套,起到吸引和打动对方的目的;也可以向对方介绍自己曾经做过的各种社会工作及取得的成绩,预示着自己有管理方面的才能,有发展、培养的前途。

③ 结尾:要表示加盟对方组织的热切愿望,展望单位的美好前景,期望得到认可和接纳,自然恳切、不卑不亢。同时,不要忘记告诉对方自己的通信地址、联系电话等。

(2) 辞职信的正文

① 开头:应开门见山,明确表明自己的辞职意愿。

② 主体:叙述辞职的具体理由。该项内容要求将自己有关辞职的详细情况一一列举出来,但要注意内容的单一性和完整性,条分缕析,使人一看便知。如果是为表示抗议而离职,在说明中也要实事求是、清楚明了,不宜动肝火,以免日后难以再见。若是实在不好公开说的理由,就用"个人原因"表示。其次,对单位和同事表示感谢,尽可能处理好公共关系。

③ 最后要写出自己递交辞职信的决心和个人的具体要求,以及希望领导解决的问题等。

4. 祝颂语

自荐信、辞职信在正文结束后应写上祝语。如:"此致敬礼"等。

5. 落款

自荐信、辞职信的落款均由署名和日期组成。有些自荐信会在落款下方写上附件内容,主要包括个人简历、证书及文章复印件、需要附录说明的材料等。

练一练

① 请根据任务情境①的要求,完成自荐信的拟写。

② 请根据任务情境②的要求，完成辞职信的拟写。

相关知识

一、自荐信、辞职信的概念

自荐信就是推荐自己担任某项工作或从事某种活动，希望对方接受的一种信件。

辞职信，也叫辞职书或辞呈，是辞职者向原工作单位辞去职务时写的书信。辞职信是辞职者在辞去职务时的一个必要程序。

二、自荐信、辞职信的写作注意事项

1. 自荐信

① 实事求是：把自己的学历、资历、专长如实介绍给对方，不弄虚作假，不夸大其词。

② 投其所好：尽可能根据用人单位的要求介绍自己，这是在已知职位的条件下，针对对方的需求，有选择地突出自己的专长。

③ 言简意明。自荐信能反映自己的写作水平，为了给对方以精明练达的好印象，应当直截了当，避免冗长累赘。如文笔好，则可适当以情动人。

④ 书写工整：自荐信毕竟是有求于人，因此须给对方留下美好的第一印象。常说字如其人，如词不达意，或字迹潦草，极可能求职受挫，白白错过良机。若是电子打印文件，在落款签

名时,最好用手写签名,以示对对方的尊重。

⑤ 如果在信中能谈一谈对该行业前景的展望、市场分析或能提出建设性意见,则能收到更好的效果。

2. 辞职信

① 辞职信是要递呈给辞职人的上级领导的,所以写称谓时不要越级,不要让上级领导感觉你不尊重他。例如:辞职人的上级领导是"××部门主管",那么称谓就不要直接越级写主管的上级"××总经理"。

② 辞职信通篇要语句通顺,言辞诚恳有说服力。若是因为对公司的某些方面有所不满而选择辞职,那么在陈述辞职理由时切忌显露出对公司的不满情绪,尽量言语得当,不失个人的气度。

③ 员工对于写辞职信的态度,也是个人修养和对工作负责任的体现。因此书写辞职信时要态度端正,不要因为要辞职了,就满不在乎,对公司的现今发展妄加评论。

 技能拓展

① ××职业学校学生会宣传部正在招募新成员,你从小就练习写作,曾多次参加各级各类作文比赛并获奖。请根据自身的实际情况写一封自荐信,争取获得锻炼自己能力的好机会。

② 以四人小组为单位,就任务情景②所写的辞职信进行讨论、修改。主要从格式、内容、语气等方面作评价和修改。

 **相关链接**

自荐信写作要诀

1. 语气自然,语言和句子要简单明了

不要听上去像别人的话,特别是用一些不常用的、令人费解的词语和句子。写信就像说话一样,语气要正式但不能僵硬。语言要直截了当,不要依靠词典,履历表中的词语要生动,使句子有力。

2. 通俗易懂,写作要考虑读者对象的知识背景

人事经理不是你这个专业的行家,所以不能用太过专业的字眼,一来人事经理会对自己看不懂的东西失去兴趣;二来未免有卖弄之嫌。切记不要使用生僻词语、专业术语。

3. 言简意赅,切忌面面俱到

招聘人员多半工作量大,时间宝贵,冗长的简历反而会增加招聘人员的反感。所以,自荐信应在重点突出、内容完整的前提下,尽可能简明扼要,不要陷入无关紧要的说明。多用短句,每段只表达一个意思。

4. 具体明确,不要使用模糊、笼统的字眼

多使用实例、数字等具体的说明。如:"我设计的生产日程安排系统为公司创收超过一百万美金"就比"我设计的日程安排系统为公司创收颇丰"有说服力。

任务三　演讲稿

教学目标

1. 知识目标
① 了解演讲稿的概念及特点；
② 掌握演讲稿的基本结构以及具体的写作要求与方法。

2. 能力目标
能够完整拟写演讲稿，提高写作能力。

3. 情感目标
通过学习写作演讲稿，培养勇于表达自己思想和情感的能力。

任务情境

一学期结束，班委即将进行改选，假设你想发挥自己的才能，有意参选，请任意选择一个岗位，拟写一篇演讲稿。

任务分析

演讲稿的结构通常可分为标题、称谓和正文三部分。

1. 标题

标题的形式很多，常见的有以下几种：
① 概括式：概括主题或演讲范围。
② 设问式：提出演讲的主要问题，引发听众思考。
③ 鼓动式：常用祈使句点明演讲目的，号召听众行动起来。
④ 比喻式：用比喻点明演讲的主题。
⑤ 场合、背景式：在标题中说明演讲的场合、背景。

2. 称谓

写对听众的称呼。如："各位老师、同学们"、"女士们、先生们"等。

3. 正文

演讲稿的正文分开头、主体、结尾三个部分，其结构原则与一般文章的结构原则大致一样。但是，由于演讲是具有时间性和空间性的活动，因而演讲稿的结构还具有其自身的特点，尤其是它的开头和结尾有特殊的要求。

（1）开头

演讲稿的开头要先声夺人,富有吸引力。

演讲稿的开头有两个作用:一是揭示演讲的主题,让听众知道演讲的内容;二是吸引听众,使听众对演讲主题感兴趣。常见的有以下几种:

① 开门见山式,即在开头直接说明演讲主题。

② 提出问题式,即在开头提出听众关心的问题,引起听众的思考,以此引出演讲主题。

③ 引用名句式,即在开头用名言名句引出演讲主题,增强演讲的说服力。

④ 实例导入式,以生活事例、故事、数据等开头引起演讲的主题,能增强听众对演讲主题的兴趣。

⑤ 现场引入式,从现场活动说起,引出演讲主题,更能说服听众。

在实际演讲中,演讲稿的开头形式很多,除以上几种外,还有背景介绍式、设置情景式、幽默调节式以及综合式等等。

（2）主体

演讲稿的主体要环环相扣、层层深入。

由于演讲的范围很广,所以演讲稿主体的结构形式很多,难以一概而论,这里介绍常见的几种结构形式:

① 并列式,即围绕演讲稿的中心论点,从不同角度、不同侧面进行表现,其结构形态呈放射状四面展开,宛若车轮之轴与其辐条;而每一侧面都直接面向中心论点,证明中心论点。

② 递进式,即从表面、浅层入手,采取步步深入、层层推进的方法,最终揭示深刻的主题,犹如层层剥笋。用这种方法来安排演讲稿的结构层次,能使事物得到由表及里的深入阐述和证明。

③ 并列递进结合式。这种结构或在并列中包含递进,或在递进中包含并列。一些气势雄伟的演讲稿常采用这种方式。

（3）结尾

演讲稿的结尾要干脆利落、简洁有力。

演讲稿的结尾,是主体内容发展的必然结果。结尾或归纳、或升华、或希望、或号召,方式很多。好的结尾应收拢全篇、卒章显志、干脆利落、简洁有力,切忌画蛇添足、节外生枝。演讲稿的结尾有以下几种常见形式:

① 总结全文式,即在结尾总结全文的要点,以加深听众的印象。这是最常见的结尾形式。

② 鼓动听众式,即在结尾提出希望或号召,以饱满的激情鼓动听众。

③ 主题升华式,即在结尾进一步揭示所讲事件和主题的深刻意义。

④ 表态式,即在结尾进一步表明自己的态度和决心。

请根据任务情境的要求,完成演讲稿的拟写。

相关知识

一、演讲稿的含义

演讲稿，也叫演讲辞，是演讲者为了在公共场合演讲而事先写的书面材料。演讲稿可以帮助演讲者整理演讲思路、规范演讲语言、提示演讲内容，从而提高演讲水平，使演讲更精彩，更能打动听众。演讲稿可以用来交流思想、感情，表达主张、见解，具有宣传、鼓动和教育等作用。

二、演讲稿的特点

1. 针对性

撰写演讲稿，要考虑听众的需要，讲话的题目应与现实紧密结合，所提出的问题应是听众所关注的事情，所讲内容的深浅也应符合听众的接受水平。同时，演讲要注意环境气氛，既要注意当时的时代气氛，又要了解演讲的具体场合。在不同的场合下，演讲有不同的内容、不同的讲法。

2. 鲜明性

演讲的内容必须表明自己的主张，阐明自己的见解，应做到立场鲜明、态度明确，不能含糊。

3. 条理性

条理要清楚，层次要分明，否则，即使所讲内容丰富、深刻，也会显得散乱如麻，缺乏逻辑性，亦会影响讲话效果。

4. 通俗性

演讲的语言，总体说来应该通俗易懂、明白畅晓，要合乎口语的特点。同时，也应该讲究文采，雅俗共赏。

5. 适当的感情色彩

演讲既要晓之以理，又要动之以情，这样才能使讲话既有说服力，又有鼓动性。

三、演讲稿的分类

根据不同的标准，演讲稿可有不同的分类。按照演讲的内容、性质划分，有政治演讲稿、学术演讲稿、军事演讲稿和社会生活演讲稿等；按照演讲稿的使用场合划分，有比赛演讲稿、竞聘演讲稿、事迹报告稿、典礼发言稿、开幕词、闭幕词、欢迎词、欢送词、论辩词等；按照演讲稿的表达方式划分，有以叙述为主的演讲稿、以议论为主的演讲稿和以抒情为主的演讲稿等。

技能拓展

① ××职业学校的学生会要公开招聘一名宣传干事，要求应聘的学生通过演讲竞聘岗位，假设你想应聘，请拟写一篇演讲稿。

② 请拟写一篇以"环境保护"为主题的演讲稿，题为《地球，我们的家园》。

相关链接

讲话稿与演讲稿的区别

演讲稿不同于讲话稿。演讲稿是一种宣传性、鼓动性的文体，演讲者往往代表个人，在公开场合发表个人观点和主张，语言注重活泼、形象、生动；而领导的讲话稿代表的是一级组织，内容着重于公务管理，语言要求庄重、朴实。

参考答案

模块一　行政公文写作

任务一　通告

【练一练】

请根据任务情境的要求,完成通告的拟写。

上海市公安局交警总队

关于上海市第××届运动会开幕式期间实行交通管制的通告

(沪公交〔2014〕×号)

　　上海市第××届运动会开幕式将于2014年×月×日晚20时在上海市体育中心举行。从当天下午18时至晚上24时,需对相关道路视情采取临时交通管制措施。现将有关事项通告如下:

　　一、机动车管制范围:

　　1. 浦西地区:从东大名路/溧阳路路口起,沿溧阳路—长治路—天潼路—曲阜路—西藏路—北京路—成都路—重庆路—淮海路—人民路—东门路至黄浦江边组成的范围(不含上述道路),禁止机动车通行。

　　2. 浦东地区:从百步街/滨江大道路口起,沿百步街—陆家嘴环(北)路—陆家嘴环(南)路—拾步街至黄浦江边组成的范围(不含上述道路),禁止机动车通行。

　　二、非机动车管制范围:

　　1. 从南苏州路/河南路路口起,沿河南路—人民路—新开河路至黄浦江边组成的范围(含上述道路),禁止非机动车通行。

　　2. 高架道路、隧道交通管制措施为延安高架西藏路下匝道封闭,延安高架(南北高架以东)禁止一切车辆通行(除进入延安东路隧道和外滩隧道的车辆以外),其他高架道路正常通行;复兴东路隧道、大连路隧道、人民路隧道、新建路隧道、外滩隧道等隧道正常通行,延安东路隧道只允许延安高架福建路上、下匝道进出浦东的车辆通行;卢浦大桥、南浦大桥、杨浦大桥正常通行。

　　3. 地铁、轮渡、观光隧道管制措施:关闭轨道交通二号线、十号线南京东路站;黄浦江东金线轮渡实施东向西单向停航;黄浦江人行观光隧道关闭。

　　4. 人行天桥、地下人行通道管制措施:交通管制区域内的人行天桥、地下人行通道关闭,同时禁止行人通行。

三、执行任务的警备车、消防车、救护车、工程抢险车、邮政车、押运车以及持有赛会汽车通行证的车辆准许进入交通管制范围。

四、届时,上海市公安交通管理部门将根据实际情况提前或推迟交通管制时间,扩大或缩小交通管制范围。

特此通告

二〇一四年×月×日(公章)

【技能拓展】

① 林扬公司的二期工程最近天天24小时加班施工,而公司员工上下班时往往要穿过工地,存在安全隐患,请你以公司的名义,拟写一则通告,告知员工上下班时要绕道而行。

林扬公司关于员工车辆绕道行驶的通告

本公司的二期工程最近天天24小时加班施工,而公司员工上下班时往往要穿过工地,存在安全隐患。望员工们上下班绕道而行,并请相互转告。

特此通告

××××年×月×日

② 请你以社区的名义,拟写一则要求社区居民文明养犬的通告。

××社区关于文明养犬的通告

为全面提升本社区综合文明程度,预防和控制狂犬病的发生和传播,保障社区居民生命安全和秩序稳定,大力倡议在全社区开展文明养犬活动。现将有关事项通告如下:

1. 禁止个人饲养烈性犬、大型犬。

2. 养犬人必须到畜牧兽医部门指定的免疫点对犬只进行免疫,并领取由畜牧兽医部门制作的《犬类免疫证》,建立免疫档案。未经免疫的犬只,不得饲养。

3. 携犬出户时,应当对犬束犬链,由成年人牵领,并应当避让老年人、残疾人、孕妇和儿童。

4. 携犬乘坐电梯的居民,应当避开乘坐电梯的高峰时间,并为犬戴嘴套,或者将犬装入犬袋、犬笼。业主委员会可以根据实际情况确定禁止携犬乘坐电梯的具体时间。

5. 携犬出户时,对犬在户外排泄的粪便,携犬人应当自行清除。

6. 养犬不得干扰他人正常生活。犬吠影响他人正常生活时,养犬人应当采取有效措施予以制止。

7. 对正在伤人的犬只,任何人可就地捕杀。有过伤人记录的犬只不得在中心城区内饲养。

8. 违反上述规定的,由有关主管部门依据有关法律法规进行处罚。

凡阻碍有关主管部门依法管理犬只的,依据《中华人民共和国治安管理处罚法》的相关规定给予处罚;涉嫌犯罪的,移送司法机关,追究其刑事责任。

特此通告

××××年×月×日

任务二 通知

【练一练】

请根据任务情境的要求,以××省教育厅的名义拟写一则会议通知。

××省教育厅关于召开教育工作年会的通知

各市、县教育局:

省教育厅决定在××市召开一年一度的教育工作年会。现将有关事项通知如下:

1. 会议时间:2014年1月28日至31日(共4天);报到时间:1月27日上午9点。
2. 会议及报到地点:××招待所。
3. 会议内容:研究2013年全省教育发展情况,部署2014年教育工作要点。
4. 与会人员:各市、县教育局局长及一名副局长。
5. 其他事项:各局请自行携带收集、整理好的书面材料。

二〇一四年一月八日(公章)

【技能拓展】

① 根据下面提供的材料,拟写一份会议通知。

××省教育厅关于召开全省高校校(院)长办公室工作会议的通知

各高校:

为了进一步加强高校校(院)长办公室工作,促进全省各高校校(院)长办公室工作的协作与交流,省教育厅决定召开全省高校校(院)长办公室工作会议,现将有关事项通知如下:

1. 会议时间:2014年5月16日至19日(共4天);报到时间:5月15日上午9点。
2. 会议地点:××市××大学学术交流中心报告厅;报到地点:学术交流中心接待室。
3. 与会人员:本省各高校校(院)长办公室主任(或副主任),每校1~2人。

4. 注意事项：

(1) 请参加会议人员将到达时间、车次和返程时间、车次提前电告会务组，以便安排接待和代办购票；

(2) 请填写所附"与会表"，加盖单位公章，于5月10日前邮寄给会务组（设在××大学校长办公室），以便统计与会人数，安排住宿；

(3) 请各校将拟提交的会议交流的经验材料自行打印80份，在报到时交会务组；

(4) 往返路费和住宿费自理，可回单位报销，会议伙食标准为每天××元。

5. 联系电话：×××-××××××××，联系人：××大学校长办公室×××老师，传真：×××-××××××××，邮编：××××××。

二〇一四年四月二十日（公章）

② 请找出下面这则通知中的错误并改正。

a. 标题错误，改为"×××县教育局关于召开中小学负责人会议的通知"。

b. 开头部分，改为"根据上级要求，我局将对全县中小学卫生状况进行一次全面大检查，现将有关事项通知如下"。

c. 会议时间错误，改为"2014年10月5日至7日（共3天）；报到时间：10月5日上午9点"。

d. 缺少会议、报到地点，改为"二、会议及报到地点：县教育局502会议室"。

e. "中小学校长各一名"含糊不清，改为"三、参加会议人员：各中、小学校长"。

f. 落款处发文机关可省略。

任务三　通报

【练一练】

请根据任务情境的要求，完成通报的拟写。

××大学关于表彰陈彬见义勇为行为的通报

（××大学〔××××〕×号）

10月14日晚7时，家住福星小区的女青年赵某在回家途中不幸被一名歹徒抢走身边财物，该名歹徒还欲行不轨。我校保卫处的陈彬同志听到赵某的呼救声后，挺身而出，勇擒歹徒，最终将其扭送公安机关。

陈彬同志在危急时刻为他人生命安全挺身而出的英勇行为，体现了其奋不顾身、见义勇为的精神。为了弘扬正气，倡导见义勇为的精神，按照本校相关规定，经研究，决定对陈彬同志见义勇为行为给予嘉奖一次，并奖励人民币两仟元（在校见义勇为基金中列支）。

希望全校广大干部群众向陈彬同志学习，拒绝冷漠，崇尚正义，弘扬社会正能量，为建设和谐社会贡献自己的力量。

××××年十月十六日（公章）

【技能拓展】

① 根据下面的材料，代××县地税局拟写一份通报。

××县地税局关于批评××镇农贸市场协税员陈强
贪污国家税款的错误行为的通报

（×税〔2014〕×号）

各科、室，各街镇：

原××镇农贸市场协税员陈强，男，32岁，于2013年6月15日至2014年6月20日应聘为农贸市场协税员。该员工在应聘期间，组织纪律性较差，法制观念淡薄，经领导帮助尚未认识到自己问题的严重性，而且对收取的税款不按规定及时上交入库。其间挪用税款46382.60元，用于自己吃喝玩乐和赌博。问题暴露后，他不但不及时向组织报告，反而外逃躲避，后被公安机关抓获，予以行政拘留。

陈强利用工作之便，贪污国家税款，已丧失协税人员的职业道德，造成一定的损失和恶劣影响。经研究决定，责令陈强必须把贪污的税款限期退清，并予以辞退。为加强对协税人员的管理，提出以下意见（略）。

各单位组织税务人员认真学习通报，增强税务人员的法制观念，提高遵纪守法的自觉性，并建立和健全各种规章制度，严防贪污、挪用税款等类似事件的发生。

二〇一四年×月×日（公章）

② 请找出下面这则通报中的错误并改正。
a. 发文字号错误。改为"×府发〔2014〕11号"并放于标题下方。
b. 落款处发文机关可省略。
c. 日期不应用"元月"并应写完整，改为"二〇一四年一月十日"。

任务四　报告、请示、批复

【练一练】

请根据任务情境的要求，完成报告、请示、批复的拟写。
① 报告。

×××大学关于2014年上半年工作情况的报告

教育部领导：(以下内容略，只标注格式)

正文部分：

① 前言。

② 工作情况和成绩。

③ 工作经验。

④ 存在问题。

⑤ 今后打算。

最后打上发文机关印章和成文日期。

② 请示。

××职校关于扩建计算机房、更新计算机的请示

区教育局：

  我校为提高教育质量、进行电教化教学，决定扩建计算机房，更新计算机20台。经多方交涉，仍缺少资金15万元，希望教育局给予支持，拨款解决。

  妥否，请批复。

××职校（公章）
××年××月××日

③ 批复。

关于同意扩建计算机房更新计算机的批复

××职校：

  你校《关于扩建计算机房、更新计算机的请示》收悉，经研究，同意给予15万元资金的支持，并将进行统一拨款。

  特此批复。

区教育局（公章）
××年××月××日

【技能拓展】

① 以学生会的名义写一份报告，向学校汇报开学以来学生管理方面的情况。

学生会关于各项活动开展情况的报告

校领导：

 在校领导的支持和全体学生会成员的辛勤努力下，学生会积极组织各项活动，认真做好各项工作，现将本学期各项活动的开展情况汇报如下：

 1. 开展"3+2"篮球友谊赛，鼓励学生积极参与运动。
 2. 开展"新歌飞扬"校园歌唱大赛，活跃校园文化氛围。
 3. 开展"安全你我他"知识竞答活动，丰富了广大同学的知识面。

 各活动的相关工作已圆满完成，但也有一些遗憾与不足。在接下来的工作中，我们一定努力克服困难，争取使我校的学生会工作再上一个新台阶。

 以上报告，请审阅。

学生会
××××年十二月二十日

② 请改正下面这份文书中的错误。

关于申请解决救灾经费的请示

区政府：

 南山村地处丘陵地区，自修建昌武高速公路后，该村水系遭破坏情况严重，今年90多亩农田晚稻颗粒无收，270多亩农田收成减半。为解决旱情，该村购进大型柴油机两台，水管500余米，兴修灌溉渠道2300多米，共贷款投入资金5万元。

 为此，特恳请区政府给予解决救灾资金5万元，以利我镇抗旱工作继续推进，确保农民增产增收。

 以上请示妥否，请批示。

徐坪镇人民政府
二○一四年十二月二十八日

③ 请根据下面的材料，写出相应的请示和批复。

关于申请宿舍楼经费的请示

××市教育委员会：

 由于社会对技术人才的需要，我校连续两年扩大了招生，由此导致学生住宿床位严重不足，为了缓解住宿难的问题，创造一个良好的住宿环境，我校经研究，拟建2000平方米宿舍楼一幢,需人民币1200万元。恳请市教委拨款1200万元用于宿舍楼的建设。

特此请示,望批复。

东华管理学校
二〇一四年四月二十六日

关于同意拨给宿舍楼经费的批复

东华管理学校:

你校《关于申请宿舍楼经费的请示》收悉。对于你校申请宿舍楼经费事宜,经研究决定,同意拨给你校1200万元用于宿舍楼建设。

特此批复

××市教育委员会
二〇一四年五月二十日

任务五 函

【练一练】

请根据任务情境的要求,完成函的拟写。

西阳公司关于培训秘书人员的函
(西阳公司〔××××〕×号)

××大学:

本公司去年曾想办班重点培训一批企业秘书人员,最后因力量不足未能办成。欣闻贵校将于近期举办一期秘书培训班,系统地培训秘书人员。本公司打算派十名秘书人员前往学习,让贵校代培。如果贵校同意,本公司将不胜感激。代培所需费用则由本公司如数拨付。

附件:西阳公司秘书人员名单

××××年×月×日(公章)

【技能拓展】

① 根据任务情境的内容,为××大学拟写一则复函。

××大学关于同意代培西阳公司秘书人员的复函
（××大学〔××××〕×号）

西阳公司：
　　贵公司××××年×月×日《西阳公司关于培训秘书人员的函》（西阳公司〔××××〕×号）已收悉。经研究决定：
　　1. 同意代培贵公司十名秘书人员。
　　2. 开班具体事宜详见附件。
　　特此函复
　　附件：××大学秘书培训班开班通知

××××年×月×日（公章）

---

② 请根据下面的函，拟写一则复函。

××县供销社关于同意补足货物余数的复函
（×供〔××××〕×号）

××食品公司：
　　贵公司××××年1月15日《××食品公司关于补足货物余数的函》（××食品公司〔××××〕×号）已收悉。经研究决定：
　　1. 同意将货物余数补足。
　　2. 货物余数将在1月20日之前配送至贵公司。
　　特此函复

××××年×月×日（公章）

---

③ 请找出下面这则函中的错误并改正。

a. 标题错误，改为"××省财经学校关于教师进修期间住宿事宜的函"。

b. 缺少发文字号，改为"×财〔××××〕×号"。

c. 正文部分用语错误。可修改如下：

　　最近，我校经与××学校磋商，决定派几位教师到该院进修学习，但因该院恢复使用不久，大部分房屋至今未能修盖完毕，以致我校几位进修教师出现了住房问题。虽几经协商，仍得不到解决。

　　为此，望与贵校商洽，能否为我校进修教师的住宿问题提供方便。若贵校能够解决住宿问题，我校进修教师在住宿期间可为贵校教学事务做些义务工作，如辅导和批改作业等。如有另外的要求和条件，我校则尽力相助。

　　此致
敬礼

任务六　会议纪要

【练一练】

请根据任务情境的要求,完成会议纪要的拟写。

13级文秘班关于组织全班到华南植物园秋游的会议纪要

　　为了丰富课余生活,增强班级凝聚力,11月3日下午,13级文秘班全体同学在本班教室召开了一次全班到华南植物园秋游活动的会议。会议由班长张三同学主持,现将会议议定的事项纪要如下:

　　一、秋游时间:11月8日(星期天)。全班同学于该日早晨7:00在校门口集中,统一乘车前往。

　　二、在植物园开展的活动内容:小型文娱节目、烧烤、摄影、自由游览等。

　　三、成立后勤服务小组:由生活委员李四任组长,负责鸡翅、牛排、番茄酱等烧烤食品的采购。

　　四、活动费用:由班费开支400元,另每位同学交30元。同学们所交费用由各组组长统一收齐,于11月5日下午交生活委员李四同学。

　　五、邀游嘉宾:班主任和兄弟班代表。

　　六、其他:

　　1. 秋游活动期间不得下湖游泳,注意安全。

　　2. 准时出发。下午5:00在植物园门口集中统一乘车返校。

　　3. 有特殊情况不能参加本次秋游活动者,需向班长请假。

13级文秘班班委

××××年十一月四日

【技能拓展】

① 试写出下列病文的修改稿。要求先指出病文的错误,再改写。

a. 标题不能加书名号,标题中缺会议主题。

b. 导言不合规范。缺写会议主持人,以"会议内容"作过渡句也不规范。

c. 第三条"增补了学会副会长"的表述与后文不一致,或不清楚,因增补"副会长"需经常务理事会确认。

d. 本文第一、三、四条均采用段旨句领起表述法,开门见山,继而展开阐述,脉络分明。独第二条采用了直接叙述方式,有损于行文的整体和谐,不便于读者根据前文形成的阅读惯性及时把握该条内容,最好能改为也用段旨句领起的写法。

e. 语言不够准确、精练。

×××学会办公会议纪要

××××年×月×日下午,会长×××在学会办公室主持召开了办公会议。参加会议的人员有:常务副会长×××,副会长×××、×××、×××,办公室主任×××、副主任×××,活动中心主任××。现将会议议定事项纪要如下:

一、确定了学会的办公新址。根据××××年×月××日会议决定,×××、×××同志对学会办公地点进行了考察,经过比较,认为×××大学办公条件优越,适合作学会的办公地点。会议决定,从即日起××××学会迁到××大学办公。

二、讨论了有关单位对学会的支持和合作事项。学会与××大学商定,由××大学给学会提供办公室、办公桌椅、电话和必要的办公费用。利用××大学的教学条件,共同举办秘书培训班等。

三、讨论了增补学会副会长事宜。为便于开展工作,建议增补××为学会副会长,负责学会的后勤保障和日常管理,先开展工作,待×月再提请常务理事会确认。

四、制订了今年的活动计划。(略)

××学会

××××年×月××日

② 请代××职业学校拟写一份会议纪要。

××职业学校毕业生就业工作会议

2014年3月5日上午,××职业学校党委常委、院长××同志在校多功能厅主持召开专题会议,部署和安排2014年毕业生就业工作;党委书记××同志出席会议并作重要讲话;教学、教辅、行政、后勤等各部门主要领导、负责人参加了会议。现将会议主要内容纪要如下:

首先,由招生就业处处长×××对我院2013届毕业生就业工作做了简单回顾和总结,根据情况介绍了我院在2013届毕业生就业工作中存在的一些突出问题,并提出了有针对性的意见和建议。随后各部门分别就各自做好毕业生就业工作的基本思路、基本情况和基本经验以及存在的问题进行了介绍和交流。

最后,×××院长作了重要讲话。他充分肯定了今年的招生就业工作取得的成绩,但也指出了存在的一些不足,需要进一步改进,并就今后的招生与就业工作提出了具体要求:

一、提高认识,认清形势,转变观念

2014届毕业生的就业工作形势十分严峻。供过于求使得毕业生就业工作面临前所未有的压力和挑战。我校的就业工作形势十分严峻。而毕业生的就业率直接影响学校在社会上的地位和知名度,从而影响招生工作,各部门都要尽心尽力,这一工作是全校所有教职员工的工作,毕业生就业率的高低决定着一个学校能否顺利地向前发展。

二、进一步统一思想,提高认识,加强对毕业生就业的推荐和指导工作,创造性地开展工作

各部门要齐心协力,与各银行和金融机构沟通,建立长期合作关系,进一步加强与各企业的合作交流,以毕业生的实习促进就业率的增长;同时,要加强对毕业生的就业指导工作,在心理、技能等各方面加强培训。要开动脑筋,多想办法,想千方设百计,努力开拓市场,争取较大的成效。

三、高度重视毕业生的就业工作,要把即将到来的毕业生就业工作放在首位

今年是就业形势较严峻的一年,我们要把就业工作放在更加突出重要的位置上,把就业工作当做关系到学校生死存亡的大事来抓。各部门要把即将到来的毕业生就业工作放在首位,各部门要在毕业生就业工作上紧密合作,以直接负责部门为主,其他部门全力支持,促进就业方向的多元化。

二〇一四年三月五日

任务七 决定、意见

【练一练】

请根据任务情境的要求,完成决定的拟写。

××职业技术学院关于给予 13 级计算机班学生李××留校察看处分的决定

李××,男,汉族,1996 年 8 月出生,××省××市人,2013 年 9 月入学,现为我校计算机班学生。李××同学入学以来不认真学习,经常旷课,多次打架斗殴,经屡次教育不见悔改,认错态度恶劣。李××同学在 2014 年 4 月 30 日,喝醉酒回宿舍开门时,被同宿舍王××同学不小心撞了一下,就立即大打出手,将王××同学打成重伤。

依据《××职业技术学院学生纪律处分管理办法》第 5 条规定,应当给予李××同学留校察看处分。希望全体同学以此为鉴,认真学习,遵纪守法。

二〇一四年五月八日

【技能拓展】

① 下面是一篇病文,请指出其错误并写出修改稿。

a. 标题中对于具体的事由表述不够具体。

b. 正文部分对该同志平时表现的描述可按照恶劣程度调整语序。

c. 正文结尾部分可以围绕所决定的事项提出要求、希望或号召。

d. 落款缺少时间和公章。

e. 语言不够准确、精练。

××市××厂关于对张××打人违纪的处分决定

　　张××,男,现年30岁,系机加车间原汽车装卸队工人。该同志自××××年入厂以来,放松学习,不思进取,屡次违反劳动纪律,谩骂领导,辱骂老工人,并多次殴打他人。尤其严重的是今年×月×日,他伙同×××、×××殴打×××并至其重伤,行为恶劣,造成了极坏的影响。经批评教育,张××同志对自己的行为已有所认识。为了维护厂规厂纪,加强劳动纪律,经厂务会议研究决定,给予张××留用察看一年的处分,察看期间每月只发给其×××元生活费。

　　希望广大职工引以为戒,严守劳动纪律,为工厂的发展作出贡献。

××××年×月×日(印章)

② 阅读下列材料,拟写一则决定。

××市人民政府关于表彰李云龙等同志见义勇为行为的决定

　　2014年3月3日上午8时左右,一名江西籍男子从××客运码头跳海。接警后,××公安分局立即组织警力赶赴现场救援。救援人员抵达现场后,发现该男子已顺着潮流漂至离码头8至9米远的海面上,身体随着海浪的起伏时隐时现,在海水中冻得全身麻木,无力自救,随时都有生命危险。当时,天气寒冷,海水刺骨,下水救人难度大,并有可能危及救援者人身安全。分局辅警李云龙、贺俊顾不上个人安危,迅速脱掉外衣,纵身跳入海中,实施下水救援,游向该男子并将其托起拉向岸边。在岸边其他民警和辅警的帮助下,一起将落水者拖上了岸,并迅速将其送往普济医院进行抢救,使落水者转危为安。

　　李云龙、贺俊二位同志面对突发的紧急情况,为维护他人的生命安全,不顾个人安危,挺身而出,保障了落水者的生命安全。为表彰先进,弘扬正气,经研究,决定对李云龙、贺俊二位同志的先进事迹在全市进行通报表彰,希望受到表彰的同志珍惜荣誉,发扬成绩,戒骄戒躁,再接再厉。全市干部群众要以先进为榜样,牢固树立社会主义荣辱观,大力弘扬见义勇为精神,积极维护社会安全,为建设"平安城市"发挥积极的作用。

二〇一四年三月六日

③ ××镇环境卫生较差,行人随地吐痰、乱扔乱丢垃圾、随地乱倒污水现象屡见不鲜,严重影响市容市貌。请以某社区居委会的名义向××镇人民政府写一份建议加强××镇城市卫生管理的意见。

关于加强××镇城市卫生管理的意见

　　一个城市的环境卫生有如一个人的脸,城市建筑再多再美,也会因环境卫生较差而降低百姓的生活幸福指数,弱化投资环境的吸引力。近几年来,我镇在基础设施上有了空前的投入,使得城区面貌有了很大的改观,但城区的卫生状况不容乐观:大街小巷脏乱差,由于生活垃圾没有及时转运,造成垃圾成堆,形成卫生死角;大街小巷及各种公众场合,行人随地吐痰、乱扔烟头、纸屑等行为还随处可见;乱贴乱画现象屡禁不止,严重影响市容市貌。

为此,提出建议如下:

一、加大宣传力度,加强群众监督。一是加大宣传力度,在广播电视媒体上加大对城市卫生文明的宣传,在社会上造成强大的舆论,使居民增强卫生意识,养成一种良好的卫生习惯。二是加强群众监督,对不讲卫生者,采取批评教育加经济惩罚的方式,通过政策,帮助人们形成正确的观念。

二、全民协调行动,共同维护全城卫生。启用卫生监督员,其主要负责加强环境卫生监管。此外,可制定相关条例,对"随地吐痰、乱扔果皮纸屑(烟头)等废弃物的,处以10元罚款;随地便溺的,处以10元以上50元以下罚款"。加大对在城市建筑物、设施以及树木上涂写、刻画或者未经批准张贴悬挂宣传品等违法行为的监督力度,对责任人予以批评教育,并处以10元以上500元以下罚款。

三、将每月的最后一个星期五作为"义务卫生清洁日",组织企事业单位干部、职工在"义务卫生清洁日"下午全面打扫单位和街道卫生。

四、加大城区环境卫生工作的整治力度。加快完善环卫基础设施建设,提高垃圾收集中转能力。组织建立公共卫生环境保洁队伍,划定环境卫生责任区,明确责任人,落实环境卫生设施以及环境卫生日常维护管理工作等各项标准,全面实施开展相关工作。

五、加强检查,注重奖罚。每月由镇爱卫办牵头,组织有关部门对全镇各单位的环境卫生进行检查,对卫生不达标、不合格的单位将采取通报批评、悬挂黑旗、罚款等处罚。

卫生与健康、良好的人居环境和生产生活环境已成为社会发展进步的重要标志之一。我们要以城区环境卫生整治为突破口,共同创建卫生城镇。

二〇一四年五月八日

模块二 事务应用文写作

任务一 倡议书、申请书

【练一练】

请根据任务情境的要求,完成倡议书的拟写。

"世界读书日"倡议书

全校师生：

  4月23日是世界文学的象征日，莎士比亚、塞万提斯等许多著名的作家都是在这一天出生或者逝世。联合国教科文组织于1995年将每年的这一天定为"世界读书日"，鼓励人们、特别是青少年发现读书的乐趣，积极捧起书本读起书来。

  阅读对人成长的影响是深远而巨大的，一本好书往往能改变人的一生。所以，我们发出如下倡议：

  一、每天坚持阅读一小时。同学们可以选择相关专业的书籍，也可以是自己喜爱的文学名著等。

  二、勤写读书笔记和读书摘记。读书笔记可以提高鉴赏水平，读书摘记可以提高写作能力。因此，同学们要善于通过阅读大量书籍，摘录好词好句，不断提高文学修养。

  三、建立自己的读书目录。同学们可以建立一本"读书伴我成长"的手册，及时记录已经看过的好书的内容简介。

  四、积极参加学校组织的各项读书比赛活动，提高大家的读书兴趣，为读书日增光添彩。

  读书不仅可以丰富我们的知识，也可以陶冶我们的情操，让我们在读书中找寻那一份独特的快乐吧！

校团委
2015年4月22日

【技能拓展】

  ① 以你所在社区居民的名义，就创建和谐小区给居民们写一份倡议书。要求：符合倡议书的书写要求，有一定的文采，字数在500字左右。

倡议书

居民同志们：

  建设和谐社区是构建社会主义和谐社会的必然要求，是我们居民义不容辞的责任。有了良好的社区环境，才能提高社会质量。为此，我们提出如下倡议：

  一、不随手乱扔垃圾，保持社区环境整洁。

  二、不乱停车，不抢占别的业主的车位。

  三、保护小区绿化环境，不随意砍伐树木。

  四、遵守"七不"规范，做一个可爱的上海人。

  五、积极参加为建设和谐社区的集体活动。

  六、邻里之间要互帮互助，和谐相处，如发生矛盾、问题，应积极面对、有效沟通。

七、发现物业管理方面的问题,请及时向物业管理部门提出。

(以上内容可展开叙述,此处略)

建设和谐社区,营造和谐氛围是每个居民应尽的义务。让我们一起行动起来,使我们的社区变得更加美好!

××社区全体居民
2015 年 4 月 1 日

② 写一份入团申请书。

入团申请书

尊敬的团组织:

我志愿加入中国共产主义青年团!

我认识到中国共产主义青年团是中国共产党领导的先进青年的群众组织,是广大青年在实践中学习中国特色社会主义的学校,是中国共产党的助手和后备军,所以我申请加入中国共青团并坚决拥护中国共产党的纲领。

我通过学习认识到中国共产主义青年团是在中国共产党领导下发展壮大的,始终站在革命斗争的前列,有着光荣的历史。在建设新中国,确立和巩固社会主义的制度,发展社会主义的经济、政治、文化的进程中发挥了主力军和突击队的作用,为党培养、输送了大批新生力量和工作骨干。

我在学校的学习成绩优秀,在学校表现良好,努力学习,严格要求自己,刻苦钻研,不断提高学习成绩和政治思想觉悟,提高自己的自制力。在课堂上遵守纪律,认真听老师讲课,不开小差,遵守学校的规章制度,认真完成老师布置的作业和老师布置的任务。在课余时间阅读一些有益身心的书刊,培养自己高尚的情操,努力成为一名德、智、体全面发展的社会主义新一代的接班人。我一定要拥护中国共产党,履行团员的义务,成为中国共产党的好助手和后备军。

如果团支部批准我加入中国共产主义青年团,我将坚持做到坚决拥护中国共产党,拥护共青团,拥护团的纲领,遵守团的章程,执行团的决议,履行团的义务,学习团的基本知识和科学、文化、业务知识,不断提高为人民服务的思想认识,做有文化、有理想、有道德和有纪律的好团员。虚心向先进青年和人民群众学习,团结同学,互相帮助,共同进步。开展批评和自我批评,勇于改正自身的缺点和错误,自觉维护团结。顾全大局,严格、认真地履行团员的权利。遵守学校的各种规定制度,尊敬老师,友爱同学,热爱劳动,勤奋学习,积极工作。

我对团组织充满崇敬和向往,渴望着能够早日入团。我要求加入团组织,是为了能更直接地接受团组织的培养教育,以团员的标准,严格要求自己,更好地为建设我们伟大的社会主义祖国贡献自己的力量。

我向团委申请：我一定用实际行动积极争取及早加入共青团，请考验，请批准。如果我被批准了，我决心遵守团章，执行团的决议，遵守团的纪律，履行团员义务，参加团的工作，做名副其实的共青团员，处处起模范作用，为"四化"贡献力量；如果我一时未被批准，也决不灰心，要接受考验，继续创造条件争取。

　　此致

敬礼

申请人：×××
××××年××月××日

任务二　感谢信、慰问信、贺信

【练一练】

请根据任务情境的要求，完成感谢信的拟写。

感谢信

××外语学校校领导：

　　我是贵校××班级王××同学的家长。就在这个学期刚开学的时候，王××被确诊患了白血病，急需一笔二十万的治疗费用。我们家境并不富裕，二十万的治疗费对我们来说真的是天文数字。正当我们万分焦急的时候，贵校的领导、教师和同学们伸出援助之手，组织了捐款活动，为我们慷慨解囊。贵校一次性向我们捐赠了现金三万零伍佰元，为我们解决了燃眉之急，真的感激万分。在此，我向贵校所有的领导、教师和同学表示衷心感谢，感谢大家这次的捐款行动，感谢大家对我们的帮助！王××的病痊愈后，一定会加倍努力学习，以报答全校师生的关心和帮助。

　　此致

敬礼

王××家长
××××年×月×日

【技能拓展】

　　三月初，张先生的孩子突患重病，住进××医院，××医院的医生以救死扶伤为己任，立即投入一场挽救生命的战斗中。经过医护人员的全力抢救和精心护理，孩子终于转危为安。张先生为了表示感谢，想给医生们赠送一些礼品，但被医生们婉言谢绝了。于是张先生给医院写了一封感谢信。

　　请代拟这封感谢信。

感谢信

××医院领导：

  我的孩子张××于今年三月初突患重病，住进了贵医院接受治疗。经诊断我的孩子患了××疾病。贵医院的医生发扬救死扶伤的精神，立即投入一场挽救生命的战斗中。经过医护人员的全力抢救和精心护理，孩子终于转危为安。

  在这里我向贵医院各位医护工作者表示衷心的感谢。贵医院的医生具有高尚的医德以及出众的专业水平，医护人员这种对病人高度负责任的态度，更是值得我好好学习。

  此致

敬礼

张××
××××年×月×日

任务三　条据

【练一练】

请根据任务情境的要求，完成请假条的拟写。

请假条

王老师：

  昨天晚上突然感觉肚子痛，去医院看急诊，经医生诊断为急性阑尾炎，需手术治疗和术后休息。故不能到校上课，特向您请假15天（3月3日至3月18日），请予批准。

学生：李英
2015年3月2日

  附：医院证明

【技能拓展】

① 你晚上临时被同学约出去吃饭，请给妈妈写一张留言条。

妈妈：

  我今天下午接到同学电话，临时约我出去吃晚饭，因此你不用等我吃晚饭了。

女儿：丽丽
7日 14:00

② 根据以下内容写一张借条。

借条

今借到学校总务科锯子壹把和锤子壹把,用于修理教室椅子,明天早上归还。此据。

初三(1)班劳动委员:王新

××××年12月20日

③ 在"星光计划"技能大赛中,你获得了某个项目的个人全能一等奖,市教委给你颁发了1000元奖金,请你写一张领条。

领条

今领到市教委颁发的"星光计划"技能大赛××项目个人全能一等奖奖金,共计人民币壹仟元整。此据。

××学校:××

××××年×月×日

任务四　启事、海报

【练一练】

请根据任务情境的要求,完成一则寻人启事的拟写。

寻人启事

2015年5月2日下午,我们一家在嘉定古城游玩时,女儿杰妮不幸走失。杰妮的信息是:5岁,女,身高1.2米,金黄色头发,天蓝色眼睛,性格活泼,讲英语,不会讲汉语。走失时身穿白色T恤和蓝色牛仔短裤,脚上穿白色帆布鞋。请知情者速与我们联系。定当重谢。联系电话:××××××××××××。

特此启事

迈克夫妇

2015年5月2日

【技能拓展】

① 你们班为迎新年,决定举办迎新晚会。请发挥创意,设计一份海报。

迎新晚会

辞旧迎新　　新年快乐
才艺展示　　精彩纷呈
游戏抽奖　　引人入胜

时间：2014 年 12 月 30 日
地点：学校 5 号楼 404 室

××班
2014 年 12 月 26 日

② 工商学院学生张海于 2015 年 9 月 10 日下午在男生 1 号楼寝室走廊捡到上衣一件，请代张海拟写一则招领启事，以供在校内张贴，希望遗失者前来认领。

招领启事

本人于今天下午在男生 1 号楼寝室走廊捡到上衣一件，望失主前来 101 寝室认领。

工商学院学生：张海
2015 年 9 月 10 日

任务五　计划、总结

【练一练】

请根据任务情境的要求，分别完成计划和总结的拟写。

09031 班学年活动计划

作为一个班集体，良好班风的形成离不开班级成员的共同努力和各个班委的精心计划、认真工作。下面是班委会对新学期的一些打算和做法，希望大家在实际工作中能朝这些方面努力！

本学年班级管理的指导思想：提高班级的整体学习水平，提升同学们的综合素质，丰富班级的课余生活，增强凝聚力。

（略）

以上就是我班新学年的一个初步的活动计划，班委会根据实际情况及时修改工作内容。有了计划才有行动的目标与动力，希望我们全班同学以此计划时刻提醒自己，努力工作，认真学习，为建优秀班集体奋斗不息！

学生会工作总结

尊敬的学校领导、老师,同学们:

大家好!

时光荏苒,转眼间,我们校学生会全体同仁,走过了本届学生会的任职生涯,如今又到了向领导、老师和同学们做述职报告的时候。

我记得××××年××月××日,第五届学生会在致全校同学的一封信中,表达了我们新一届学生干部为全校同学服务的满腔热忱!在学校领导的关怀和校团委的指导下,我们与时俱进,主动参与、配合学校的发展建设,不断完善学生会自身建设,在磨练中走向成熟。下面我来整体回顾一下本届学生会的工作情况:

首先,在组织制度建设方面。

其次,在校园文化活动方面。

再次,在与其他学生组织的联系与交流方面。

(略,具体内容自行补充)

综上所述,在这一年任期里,我体会到更多的是,学生会干部可贵的奉献精神和责任意识。我们有过欢笑,有过失落,在付出与回报里不断成长,作为第五届校学生会主席,我目睹了学生会全体同仁与我同甘共苦的一幕幕,在此,我感谢全体学生干部对本届学生会工作的支持,谢谢你们!

最后,希望新一届学生会继续坚定理想与信念,再接再厉,将学生会打造成团结一心、和谐进步的学习型团队,为把我校学生会建设成为党团组织信赖、青年学生满意的优秀学生组织而不懈努力!

祝学校的领导、老师身体健康、工作顺利!

祝同学们学业进步,事业有成!

谢谢大家!

张××
××××年××月××日

【技能拓展】

① 阅读以下计划,指出存在的问题,并予以修改。

a. 标题不对。标题一般由制定计划的单位名称、计划内容、时限和文种组成。

b. 正文应包括前言部分。前言主要说明制订计划的依据、目的、指导思想和基本情况。

c. 主体部分要写清目标、任务及实现目标任务的方法、步骤和具体措施。要重点解决"做什么"和"怎样做"的问题。

××班×××学年第×学期学雷锋活动计划

指导思想:以邓小平理论和"三个代表"重要思想为指导,围绕学校德育工作要求,按照校团委文件精神,大力弘扬雷锋精神,本班决定开展丰富多彩、具有实效性的学雷锋活动,切实加强同学思想道德建设,建设优良的班风,促进我班精神文明建设。

为了搞好本学期的学雷锋活动,特制订如下计划:

一、认真学习校团委学雷锋活动计划,出好以雷锋精神为主题的黑板报,做好宣传和动员工作。

二、把学雷锋活动和精神文明建设紧密结合起来,要求每个同学搞好个人和教室卫生,遵守校纪,尊敬教师。

三、邀请校内外雷锋式先进人物做报告,要求每位同学写一份听后感。

四、第四周结合学校安排的值周工作,多做好人好事,优秀事迹上报后将在每天的广播中做典型报道。

五、第六周组织同学开展青年志愿者活动,如到图书馆清洁书架等。

六、第八周开展全校师生"关心贫困学子,让爱心之花处处开放"捐款活动。

七、第十周开展一次学雷锋征文活动,评出一等奖、二等奖和三等奖。

八、第十三周至放假,以雷锋精神对照自己,找出差距,总结经验,宣传典型。

九、大力提倡岗位学雷锋,真正将雷锋精神融入日常生活中去。

××班
××年××月××日

② 指出以下总结中存在的问题,并予以修改。

a. 行文格式不规范,内容说明欠准确。虽然是个人总结,但是也要遵循总结的行文内容:写出学习概括、成绩经验、问题与教训、今后打算。该文这些内容全无,写成"流水账",仅罗列了情况。

b. 前言说明语言欠妥,尤其开头用了描写的语言,不符合应用文的语言要求。

任务六 简报

【练一练】

请根据任务情境的要求,完成简报的拟写。

校园文化节简报
第一期(总第×期)

××学校办公室编　　　　　　　　　　　　××××年×月××日

让活动来丰富生活,让活动来推进文化
——记××学校"校园文化节"活动为丰富学生的课余生活,我校组织学生进行了为期两个月的"校园文化节"活动,开展了校园歌曲演唱大赛、摄影大赛、时政知识大赛、篮球比赛等形式多样的活动。(自行展开)

发:(略)

共印(××)份

【技能拓展】

根据你所在班级的期末复习情况,以班委会的名义,拟写一份简报。

期末复习简报

第一期(总第二期)

××班级班委编　　　　　　　　　　　　　　　　　　××××年×月××日

认真复习,再创新绩

××。(自行展开)

发:(略)

共印(××)份

任务七　会议记录

【练一练】

请根据任务情境的要求,完成会议记录的拟写。

教师座谈会会议记录

时间:××××年×月××日上午9点至11点。

地点:行政楼406会议室。

主持人:王××(校办主任)。

出席人:陆××(校长)、周××(书记)、陈××(副校长)、赵××(工会主席),教师代表。

记录:杨××(校办秘书)。

陆××(校长):××××××××。

教师代表1:××××××××。

教师代表2：×××××××。
教师代表3：×××××××。

主持人（签名）
记录人（签名）
××××年×月××日

【技能拓展】

你所在的班级要召开一次主题班会，请你作一份会议记录。

××班级主题班会会议记录

时间：××××年×月××日下午3点15分至4点。
地点：406教室。
主持人：王××（班长）。
出席人：陆××（班主任），全体学生。
缺席人：陈××（病假）。
列席人：高××（德育校长）、朱××（学生处主任）。
记录：杨××（宣传委员）。
陆××（班主任）：×××××××。
王××（班长）：×××××××。
学生代表1：×××××××。
学生代表2：×××××××。

主持人（签名）
记录人（签名）
××××年×月××日

任务八　意向书、协议书

【练一练】

① 请根据任务情境①的内容，完成意向书的拟写。

意向书

广州××公司（以下称甲方），深圳××公司（以下称乙方）关于在中国广州以合作经营模式，合办××五金塑料制品厂的意向如下：

一、甲、乙双方本着自愿及平等互利、诚实守信的原则,共同合办××五金塑料制品厂,约定投资总额100万人民币,甲方出资40%,乙方出资60%。

二、合作企业名称是××五金塑料制品厂,合作企业地址在广州开发区×号。

三、合作企业是由甲方负责立项、生产及解决生产场地的问题,乙方负责提供技术、设备、信息。

四、合作企业的产品80%由乙方负责销售。

五、甲、乙双方合作期限为5年。期满后,经双方协商可继续合作经营。

六、有关产品价格由甲、乙双方协商议定。

甲方:广州××公司　　　　　　　乙方:深圳××公司

代表:×××　　　　　　　　　　代表:×××

　　年　月　日　　　　　　　　　　年　月　日

② 请根据任务情境②的内容,完成协议书的拟写。

合作经营丝绸服装协议书

甲方:中国广州××公司

法定代表人:×××

住址:×××××××

邮编:××××××

联系电话:020-××××××××

乙方:法国××公司

法定代表人:×××

住址:×××××××

邮编:××××××

联系电话:×××××××××××

甲、乙双方经充分协商,愿在平等互利的基础上,合作经营丝绸服装,经友好协商达成以下协议:

一、合作内容

1. 甲方提供稳定生产工厂,为乙方生产丝绸服装。

2. 甲方在广州××路×号新建一间服装厂,生产法国××公司所需要的以真丝为面料的绣花衬衣等,其产量初定为每年40~45万件。

二、合作条件

1. 乙方提供价值××万美元的生产丝绸服装的专用设备和附属设备,设备名称、价格由乙方在签订协议后一个月内提供甲方确认。

2. 双方贸易和乙方来料加工业务,其价格、规格、交货期等均应逐笔签订合同,其价格按双方签约时的出口价格为准。

3. 乙方应派出经验丰富的管理人员和技术人员来位于广州市的厂房进行技术辅导，帮助工厂提高质量和产量，乙方人员来广州市的所需费用，由乙方负担。

三、违约责任

1. 合作双方在业务实施过程中，如因一方原因造成客户方商业信誉或客户关系受到损害的，另一方可立即单方面解除合作关系。同时，已经实现尚未结束的业务中应该支付的相关费用，受损方可不再支付，致损方则还应继续履行支付义务。

2. 双方在分配利润时，如任何一方对利润分配的基数、方式有异议的，可聘请会计师事务所进行审计。

四、补充变更

本协议在执行过程中，双方认为需要补充、变更的，可订立补充协议。补充协议具有同等法律效力。补充协议与本协议不一致的，以补充协议为准。

五、协议终止

1. 甲、乙任何一方如提前终止协议，需提前一个月通知另一方。

2. 本协议期满时，双方应优先考虑与对方续约合作。

六、争议处理

如发生争议，双方应积极协商解决，协商不成的，受损方可向广州市人民法院提起诉讼。

七、本协议经双方盖章后生效。本协议一式两份，甲、乙双方各执一份，具有同等法律效力。

甲方：   乙方：

代表签字：   代表签字：

日期：   年 月 日   日期：   年 月 日

盖章：   盖章：

【技能拓展】

① 仔细阅读以下材料，拟写一份意向书。

意向书

台湾××雨伞制造有限公司（以下称甲方），福建××制伞厂（以下称乙方）关于在台湾开办合资公司的意向如下：

一、甲、乙双方本着自愿及平等互利、诚实守信的原则，共同合办××雨伞有限公司，约定投资总额××万元人民币，可用现金、设备、实物（包括厂房）等进行投资。实物作价的原则为设备按同类产品的国际市场价，原公司的设备、物资以及厂房由公证行估价和友好协商相结合的办法解决。

二、合作企业名称是××雨伞有限公司。

三、产品销售以台湾本地销售为主，如出口到其他国家和地区应以不冲击乙方现有的销售网点为原则，合营公司应在出口前征求乙方的意见。

四、合营公司的投资争取在四年内收回，具体方案由董事会根据公司盈利情况讨论决定。

五、为了维护合营公司的利益，甲方不再以任何名义在台湾、香港经营同类产品的生产和销售，乙方也不再在该地段设厂生产同类产品。

六、关于参股比例、人事安排，双方同意乙方到台湾后共同商讨。

甲方：台湾××雨伞制造有限公司　　　　乙方：福建××制伞厂

代表：×××　　　　　　　　　　　　　代表：×××

　年　月　日　　　　　　　　　　　　　　年　月　日

② 李××是××职业学校电子商务专业的学生，在毕业之际，他应聘到××公司工作，请你代他写一份就业协议书。

就业协议书

甲方（用人单位）：××公司

乙方（姓名）：李××

甲乙双方按照国家和省毕业生就业政策及相关规定，遵守诚实、信用的原则，在平等自愿、协商一致的基础上，依法达成如下协议：

一、甲方同意录（聘）用乙方。

二、乙方同意毕业后到甲方工作。

三、甲方录（聘）用乙方工作期限为_____年，工作地点为_____，工作岗位为_____。

四、甲方录（聘）用乙方工作期间，乙方月实际工资收入不低于_____元（该项收入不得低于当地政府规定的最低工资标准）。

五、甲方录（聘）用乙方工作期间，甲方按国家和本省法律、法规、政策规定为乙方缴纳社会保险（包括养老、医疗、失业、工伤、生育等保险），提供相关的福利待遇，以及符合国家规定的劳动安全卫生条件和劳动防护用品。

六、甲方可根据工作需要，在签订本协议前组织体检，否则以学校毕业时体检为准。

七、甲方在招聘时所提供的带有承诺内容的宣传材料作为本协议的附件，乙方在应聘时所提供的自荐材料亦作为本协议的附件。

八、甲方所介绍的情况严重失实，乙方可单方解除本协议并免责；乙方所提供的自荐材料内容严重失实，甲方可单方解除本协议并免责。

九、符合下列情形之一，经书面告知对方，本协议解除：

1. 甲方被撤销或依法宣告破产的；

2. 乙方报到时未取得毕业资格的;
3. 乙方被依法追究刑事责任的;
4. 法律、法规、政策规定的其他情形。

十、本协议生效后,甲、乙双方应全面履行。一方违约,另一方可依法追究其违约责任,并要求赔偿相关损失。

十一、甲、乙双方协商一致,可以变更协议中双方约定的条款或解除协议,变更或解除协议应当采用书面形式。

十二、甲、乙双方因履行本协议发生争议,由甲、乙双方协商解决,或提请有关部门协调解决,也可直接向人民法院提起诉讼。

十三、本协议一式两份,甲方、乙方各执一份。

十四、经甲、乙双方协商,乙方于____年____月____日前到甲方报到。甲方应当在乙方报到后1个月内为乙方办理录用手续,或签订劳动(聘用)合同,乙方应当积极配合。本协议中关于工作期限、岗位、地点、薪酬等主要条款应写入劳动(聘用)合同。

十五、本协议自甲、乙双方签字之日起生效,甲、乙双方签订劳动合同或甲方为乙方办理录(聘)用手续后,本协议终止。

甲方(公章):　　　　　　　　　　乙方(签名):
　年　月　日　　　　　　　　　　　年　月　日

模块三　社交礼仪应用文写作

任务一　欢迎词、欢送词

【练一练】
请根据任务情境的要求,完成欢迎词的拟写。
写作提示:
格式内容包括:a. 标题。一般在标题中点明致词场合。b. 称呼。c. 正文。
正文内容包括:a. 欢迎的缘由。b. 对自己学校的介绍。c. 祝愿与希望。

【技能拓展】
① 根据下面提供的材料,拟写一份欢送词。
××实习老师即将完成实习教学,请拟写一份欢送词,代表班级欢送××老师。

欢送词

尊敬的××老师:
　　今天我们在这里举行一个热烈而简短的欢送会,因为本学期来我校实习的××老师就要结束实习返校了。

　　我们全班同学对××老师表示衷心感谢。感谢您半年来将真诚的爱心投入学生和事业,不辞辛苦,关爱学生。是您的到来,让我们的校园充满青春的活力和朝气;是您的到来,让我们的师生关系更加融洽和温馨;是您的到来,将我们的课堂演绎得更富有时代气息。别时容易见时难,这时我们难免有几许凄凄,几许依恋。我们祝福您能在今后成为明日教坛上闪烁的明星。预祝一路顺风!

××班全体同学

××月××月××日

② 请找出下面这则欢迎词中的错误并改正。

　　a. 称谓不够亲切。前面应加上"亲爱的顾客朋友们"显出亲切、热情。

　　b. 切题太慢,开头段主要是向顾客表示欢迎和感谢,而此文却说了许多"晨风"、"晨曦"之后,才点明意思。

　　c. 迎宾词最后一段,虽点明了顾客即是"上帝"之意,但蕴含太少,未能以简短、优美的语言将企业精神体现出来。

　　d. 应有结尾而未写,给人言犹未尽之感。应补写一个言已尽而意无穷的结语,给顾客留下些回味。

欢迎词

女士们、先生们,亲爱的顾客朋友们:

　　早上好!金都商厦全体员工热烈欢迎您的光临,并向您致以崇高的敬意!

　　早晨的一切都是美好的,感谢您把这一天中最美好的时光留在金都。

　　无论您是谁,无论您来自哪里,只要您步入"金都",就是我们的朋友,就是我们的"上帝",我们都将竭诚服务,向您献上我们的真诚和爱意。今后,您若工作繁忙,只需拨打一下电话,我们按照您的吩咐,就会把温暖送到您的家里。

　　女士们、先生们,亲爱的顾客朋友们,再一次地感谢您把最美好的时光留在我们金都商厦!

任务二　开幕词、闭幕词

【练一练】

请根据任务情境的要求,完成开幕词的拟写。

"弘扬母语,诵读经典"学生古典诗文朗诵比赛开幕词

老师们、同学们:

大家好!今天我们团聚在这里,隆重举行"弘扬母语,诵读经典"学生古典诗文朗诵比赛,在此,我谨代表校学生会向本次比赛活动的隆重开幕表示热烈的祝贺!

文化源远流长,作为炎黄子孙,我们有责任、有义务传承中华传统文化。朗诵是传承优秀文化的通道,是汲取精华的学习方式。与经典同行,我们步履坚实;为经典朗读,我们信念坚定。

腹有诗书气自华,唯有读书方宁静。此次由学校教务处组织的"弘扬母语,诵读经典"系列活动具有十分重要的意义,它对于弘扬中华优秀文化,培养同学们的爱国主义精神,激发大家的阅读兴趣,活跃我校语文学习氛围,将起到十分重要的作用。同学们,让我们从读书开始,从今天开始,努力学习母语国粹,积极传承中华文明,努力做一个知识丰富、品行端庄、修养良好的现代中学生。

让我们以饱满的热情投入这次读书活动中,与经典为友,浸润书香,让朗诵的快乐洋溢在我们的脸上,让书香的芬芳流淌在我们美丽的校园,让书籍的美好陪伴同学们快乐成长!

最后,预祝本次"弘扬母语,诵读经典"学生古典诗文朗诵比赛取得圆满成功!谢谢大家!

2015年××月××日

【技能拓展】

根据以下材料拟写一份闭幕词。

"弘扬母语,诵读经典"学生古典诗文朗诵比赛闭幕词

尊敬的各位老师、亲爱的同学们:

我校"弘扬母语,诵读经典"学生古典诗文朗诵比赛,在同学们声情并茂的表演声中落下帷幕,活动虽然告一段落,但是留给我们的回味却是深长而久远的。

同学们,你们用稚嫩的声音再一次诠释了古诗文的美感,展现了千万学子追求美、展示美的情操,此情此景令人感动。经过本次的古诗文朗诵大赛,同学们会发现什么是文章之美、意境之美、经典之美。我校举行本次活动的目的之一,就是培养同学们发现美、欣赏美、展示美、歌颂美的学习激情,我们达到了预期的目的,取得了预期的效果!

本次活动,是一堂形式生动、内涵丰富的传承中华文化的教育活动,我们希望通过这次活动,激发同学们喜读古诗文的激情,并养成长期诵读积累的习惯。学习和鉴赏中华诗词佳作,对开发青少年的精神世界大有裨益,可以起到陶冶情操、加强修养、丰富思想、增强民族自信心和自豪感的作用。

常言说得好:熟读唐诗三百首,不会写诗也会吟。青少年是读书的最佳时期,记忆力最好,大量阅读和记诵古典诗文,你会从中受到熏陶,形成高尚的品德,成为你一生最宝

贵的财富。

　　同学们,诵读古诗文,你会从中懂得做人的道理,懂得知恩感恩,懂得回报社会,这是家长、学校、社会对同学们的期望,相信你们一定会不负众望的!

　　最后,我代表学校领导小组,对为本次活动出谋划策、不辞辛劳的各位教师以及积极参加朗诵比赛的同学致以衷心的感谢!对在本次活动中获奖的同学表示祝贺,并预祝同学们在今后的活动中取得更好的成绩!

　　谢谢大家!

2015年××月××日

任务三　请柬、邀请信

【练一练】
　　① 请根据任务情境①、②的内容,完成请柬的拟写。

请　　柬

亲爱的校友:

　　光阴荏苒五十载,春华秋实谱新篇。××学校定于2015年10月18日(星期日)举行建校50周年庆典。值此,我们诚挚邀请曾在我校工作、学习过的广大师生躬亲莅临,畅叙师生情谊,同襄盛典。

　　活动时间:上午9:00—12:00。
　　活动地址:广州市友好路21号。
　　联系人及电话:张老师(××××××××)、李老师(××××××××)。

××学校
二〇一五年九月二十日

请　　柬

尊敬的杨校长:

　　兹定于6月16日早上9:00—11:00在广州宾馆三楼会议室举行商业座谈会,诚挚邀请您届时光临。

广州市商贸协会
二〇一四年六月十日

　　② 请根据任务情境③的内容,完成邀请信的拟写。

邀请信

尊敬的会员：

　　感谢你们一直以来对本团体工作的关心和支持，使我们团体得以蓬勃发展，团体定于2014年12月10日下午15:00—17:30在××市繁华路100号职工会议厅召开团体会议，会议将邀请高等院校和科研所行业的教授、企事业单位的专家参加，届时大家将围绕行业动态、人才培养等方面进行广泛深入的交流，探讨相关领域所面临的问题，期待你的光临。

　　　　　　　　　（联系人：×××，联系电话：××××××××××）。

　　　　　　　　　　　　　　　　　　　　　　　　　　　　×××××团体

　　　　　　　　　　　　　　　　　　　　　　　　　　　　2014年11月30日

【技能拓展】

① 2015年3月1日上午10点精彩广告公司准备在迎宾路188号举行公司成立五周年庆典，请给合作公关公司的费经理发一封请柬。

请　　柬

尊敬的费经理：

　　非常感谢您一直以来对我们广告公司工作的大力支持，我公司定于2015年3月1日上午10点在迎宾路188号举行公司建立五周年庆典，届时敬请光临。

　　　　　　　　　　　　　　　　　　　　　　　　　　　　精彩广告公司

　　　　　　　　　　　　　　　　　　　　　　　　　　　　2015年2月15日

② 方圆公司定于2015年2月18日举行公司揭幕仪式。请以张三总经理的名义邀请李四先生参加，并随信告知对方活动的具体安排。

邀请信

尊敬的李四先生：

　　您好！我司兹定于2015年2月18日上午10点在文化广场举行公司揭幕仪式，诚挚邀请您的拨冗出席！

　　　　　　　　　　　　　　　　　　　　　　　　　　方圆公司　张三

　　　　　　　　　　　　　　　　　　　　　　　　　　2015年1月31日

　　附：揭幕仪式具体时间表

　　时间　　　　　　　方圆公司揭幕仪式的具体安排

　　9:00—10:00　　　来宾签到

10:00—10:15	领导发言，汇报公司组建情况
10:15—10:25	嘉宾上台致贺词
10:25—10:40	领导和众嘉宾上台主持揭幕仪式
10:40—11:00	领导点睛，醒狮表演和鸣炮，揭幕仪式结束

模块四　职场应用文写作

任务一　证明信、推荐信

【练一练】

① 请根据任务情境①的要求，完成证明信的拟写。

证明信

××商贸公司：

　　贵公司李强确系我校营销专业的学生。该生在校期间品学兼优，2012、2013、2014学年均被评为校级三好学生，2014年被评为校级优秀毕业生、市级三好学生。

　　特此证明

××职业学校（公章）

××××年×月××日

---

② 请根据任务情境②的要求，完成推荐信的拟写。

推荐信

××旅行社：

　　欣闻贵社正在招聘一批导游，为此，特向贵社推荐我校旅游管理毕业生王敏。

　　我认为王敏能胜任贵社导游一职，理由如下：

　　1. 王敏在校期间思想积极进步。她积极参加团校、党校学习，积极参加志愿者活动，经常帮助学生、老师做力所能及之事，不计较个人得失。

　　2. 王敏学习成绩非常优秀。她不仅多次获得期中、期末考试奖学金，还以优异的成绩考取了导游证，并且有一定的英语口语表达能力，曾在校英语口语比赛中获一等奖。

　　望贵社能给予机会，锻炼培养。

班主任：陈老师

××××年×月××日

【技能拓展】

① ××公司员工刘元于 2010 年 9 月 15 日在××电器城为公司采购了 10 台空调,共计 35000 元。但是刘元不慎遗失发票,请该电器城出具一份其购买空调的证明。请根据上述内容为该电器城拟写一封证明信。

证明信

××公司:

　　贵公司员工刘元确于 2010 年 9 月 15 日在××电器城采购了 10 台空调,共计 35000 元。

　　特此证明

××电器城(公章)
二〇一二年四月二十日

---

② ××职业学校文秘专业学生李梅平时能歌善舞,曾经在市、县级歌唱舞蹈比赛中均获得过荣誉,现任班级文艺委员。恰逢学校学生会文体部正在招募学生干部,李梅的班主任刘老师给校团委书记写了一封推荐信。请你以刘老师的名义拟写这封推荐信。

推荐信

团委书记:

　　欣闻校学生会文体部正在招募学生干部,为此,特推荐文秘专业学生李梅。

　　我认为李梅能胜任学生干部一职,理由如下:

　　1. 李梅平时能歌善舞,曾经在市、县级歌唱舞蹈比赛中均获得过荣誉。

　　2. 李梅现担任班级文艺委员,有一定的组织能力和较强的团队意识,能认真完成老师布置的各项任务,乐于助人,不计个人得失。

　　特此推荐,请予任用。

班主任:刘老师
××××年×月××日

任务二　自荐信、辞职信

【练一练】

① 请根据任务情境①的要求,完成自荐信的拟写。

自荐信

尊敬的××旅行社社长：

　　您好！

　　贵社因服务理念先进、服务态度优秀、线路多样等诸多优势在业内享誉盛名。欣闻因旅行社业务不断扩大，需要招聘一批导游，使我怦然心动。

　　我是××职业学校旅游管理毕业生王敏，在校期间我思想积极要求进步，多次参加志愿者活动，经常帮助学生、老师做力所能及之事，不计较个人得失。我的学习成绩也名列前茅。不仅多次获得期中、期末考试奖学金，还以优异的成绩考取了导游证，并且有一定的英语口语表达能力，曾在校英语口语比赛中获一等奖。

　　为此，我愿意站在应聘行列，接受你们的考查和挑选。如果我是一个幸运者，我将有信心接受新的工作岗位的考验。我会服从领导，虚心学习，尽快熟悉工作，提高业务能力，与同事们通力合作完成任务，为旅行社的兴旺发达竭尽绵力。

　　尊敬的社长先生，我期待能跨进贵社的大门。

　　此致

敬礼

××职业学校：王敏
××××年×月××日

② 请根据任务情境②的要求，完成辞职信的拟写。

辞职信

尊敬的人力资源部主任：

　　您好！

　　工作两年来，我发现现在的工作、生活并不是自己所追求的。经过慎重考虑之后，特此提出申请：我自愿申请辞去在公司的一切职务，敬请批准。

　　在公司两年的时间里，我有幸得到了单位领导及同事们的倾心指导及热情帮助。工作上，我学到了许多宝贵的经验和实践技能；生活上，得到各级领导与同事们的关心与帮助。这两年的工作经验将是我今后的一笔宝贵的财富。

　　在这里，我特别感谢各位领导多年来给予的关照、指导以及对我的信任和在人生道路上对我的指引。感谢所有给予过我帮助的同事们。

　　望领导批准我的申请，并协助办理相关离职手续，在正式离开之前我将继续认真做好目前的每一项工作。

　　祝您身体健康，事业顺心，并祝公司事业蓬勃发展。

×××
××××年×月××日

【技能拓展】

① ××职业学校学生会宣传部正在招募新成员,你从小就练习写作,曾多次参加各级各类作文比赛并获奖。请根据自身的实际情况写一封自荐信,争取获得锻炼自己能力的好机会。

自荐信

尊敬的学长:

　　您好!

　　欣闻学生会宣传部正在招募新成员,使我怦然心动。

　　我是本校文秘专业的学生×××。我从小就练习写作,初中阶段曾多次参加各级各类作文比赛并获奖。进入中专以后,我担任班级的宣传委员,也曾在校刊上发表过一些文章。

　　为此,我愿意站在应聘行列,接受你们的考查和挑选。如果我是一个幸运者,我将有信心接受新的考验。我会服从领导,虚心学习,不断提高业务能力,为学校的宣传工作贡献自己的力量。

　　尊敬的学长,我期待能跨进宣传部的大门。

　　此致

敬礼

×××
××××年×月××日

② 略。

任务三　演讲稿

【练一练】

请根据任务情境的要求,完成演讲稿的拟写。

竞选班长演讲稿

敬爱的老师、同学们:

　　大家好!

　　今天我很荣幸能站在这里竞聘班长一职,我感到很自豪,当然,这当中少不了同学们的支持与老师的关心和鼓励!

　　班长是一个许多同学们都向往的职位,需要一个有能力、有爱心的人来担当,我不敢说我是最合适的,但我敢说我将会是最努力的!工作锻炼了我,生活造就了我。戴尔卡耐基说过"不要怕推销自己,只要你认为自己有才华,你就应该认为自己有才华,你就应该认为自己有资格提任这个职务"。所以我相信我有能力担任这一职务。

我曾担任过八年多的班长职务,通过这么多年的学习和当班长的经历使我深刻地认识到班长在班级中的重要性。班长不仅仅要管理好整个班级,与大家和谐共处,还应该是老师的得力助手。而我有管理班级的能力,做事敢于负责任,并且任劳任怨。其次,我性格热情开朗、热爱集体、拥有爱心并能很好地团结同学。因为想要把一个班级建设成一个优秀的集体,仅凭班长一人是不够的,最主要的是要靠大家的共同努力。

　　假如我竞选上了班长,我会严格要求自己,为同学树立榜样,团结同学,充分发挥每个人的聪明才智,使我们整个班级成为一个团结向上、积极进取的集体。

　　假如我竞选上了班长,我会把班级活动作为展示特长、爱好的场所,把学习当作一种乐趣,在集体里互帮互助。

　　假如我竞选上了班长,我会真正做同学的好朋友、老师的好助手。马行千里知其是否为良驹,人经百事知其是否为栋梁。我会用自己的实际行动来证明自己的能力。我坚信一个班级的优秀来自班干部的领导和全体同学的共同努力。

　　请老师、同学们相信我、支持我,我一定不会让大家失望的,谢谢大家!

【技能拓展】

① ××职业学校的学生会要公开招聘一名宣传干事,要求应聘的学生通过演讲竞聘岗位,假设你想应聘,请拟写一篇演讲稿。

演讲稿

各位老师、同学:

　　大家好!

　　我是来自×××班×××专业的王芳,今天我很荣幸能站在这里应聘学生会宣传干事一职。在这里我郑重承诺:我将尽全力完成学校领导和同学们交给我的任务,使学生会宣传部成为学校宣传工作的主阵地,成为同学们信赖的组织。

　　从小学开始我就一直担任班级宣传委员一职,负责宣传工作,所以我有一定的经验和信心能够胜任这个职位。在任期间,我不仅为同学们提供了高质量的服务,而且还得到了学校老师的一致好评。我知道成绩只能代表过去,未来的路还很漫长,在今后我将更加努力,使自己的能力进一步提高!希望学生会给我这次机会,让我能够发挥自己的才能,相信你们会看到意想不到的结果。

　　如果我刚当选宣传部干事,我会进一步完善自己,提高自己各方面的素质:要进一步加强自己的工作热情,以饱满的热情、积极的心态去对待每一件事;要进一步提高责任心,在工作中大胆创新,积极进取,虚心向他人学习;要进一步广纳贤言,做到有错就改,友好的意见就接受,同时坚持自己的原则。

　　如果我当选宣传部干事,我应以"奉献校园,服务同学"为宗旨,真正做到为同学们服务,代表同学们行使合法权益,为校园的建设尽心尽力。我知道再灿烂的话语也不过是一瞬间的智慧与激情,朴实的行动才是成功路上的鲜花,我想我当选的话一定言必行,行必果。

这是我今日的承诺,行动是用来证明一切的最好方法。

希望你们支持我,谢谢大家!

② 请拟写一篇以"环境保护"为主题的演讲稿,题为《地球,我们的家园》。

地球,我们的家园

老师们,同学们:

大家好! 今天我演讲的题目是"地球,我们的家园"。

草木葱茏,绿树成荫,鸟语花香,空气清新是我们梦寐以求的家园。地球是人类唯一居住的地方,人类要在地球上安居乐业,就要爱惜地球,保护环境,维持生态平衡。"天苍苍,野茫茫,风吹草低见牛羊"多么美的一首诗啊! 一下子就把我们带到了大自然风光的遐想中,那么美丽,那么生机昂然,可是现在,人类以飞快的速度改造着大自然,一片片树林倒下,一块块绿色消失,一座座高楼建起,一条条污水流出,我们的生存环境遭到了极严重的破坏。大气、水、土地被严重污染,自然界的生态平衡遭到很大的影响,湿地、酸雨、荒漠化、沙尘暴一次又一次侵袭着地球,这足以警示我们,保护环境已迫在眉睫!

我们可以从身边一点一滴的小事做起,比如多植树造林,爱惜四周一草一木,不捕猎小动物,见到垃圾就捡起来等。但这些光凭我们的努力还不够,还要号召我们身边的每个人为保护环境而做出贡献。绿色是多么宝贵啊! 它是生命、是希望、是安慰、是快乐。

当你堕进挫折和失意的时候,当你烦恼的时候,回回大自然吧! 拥抱大自然吧! 大自然可以陶冶人的性情,平静人的情绪,在林间小路上走一走,在草丛中躺一躺,在大树旁靠一靠,拥抱蓝天绿水,闻一闻土壤的芳香,看看地上的蚂蚁不知倦怠的繁忙,一定可让你的情绪渐渐平和,愁眉苦脸来,笑逐颜开回。

同学们,人类只有一个地球,尊重地球就是尊重生命,拯救地球就是拯救未来。要真正地保护地球,那就需要地球上的每一个人都能发自真心地爱它,保护它,让它免受伤害。只有所有的人都能自觉约束自己,都愿竭心竭智地为保护地球而努力,我们的家园才会有希望,我们的明天才能越来越美好。亲爱的同学们,让我们行动起来,停止污染吧,从现在做起,关爱地球,保护我们的家园!